U0127485

THE SCOUT MINDSET

零盲點思維

Why Some People See Things Clearly and Others Don't

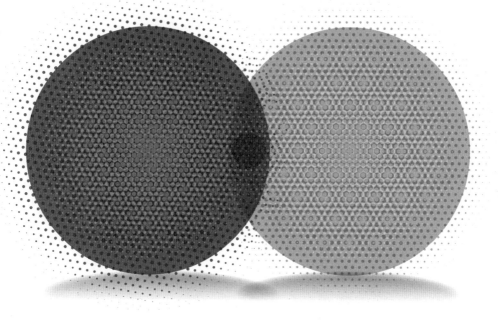

8個洞察習慣
幫你自動跨越偏見，提升判斷能力

TED人氣講者 茱莉亞·蓋勒芙 Julia Galef ——著

許玉意——譯

獻給盧克，我所見過最棒的偵察兵

CONTENTS

PART 4　改變慣性思維

PART 5　身分認同影響判斷力

前言

心態決定思維判斷

當你想到某位具有傑出判斷力的人，什麼樣的特質會浮現在你腦海中？也許你會想到智力、機靈、勇氣或耐心等等。這些都是值得羨慕的優點，但有一個特點理應排在最前面，卻被忽視了，它甚至沒有一個正式名稱。

因此我給它取了個名字，稱之為「偵察心態」（scout mindset），亦即渴望看到事物本來面目，而不是你所希望的樣子。偵察心態能讓你辨識出自己出錯的時候、找出你的盲點、測試你的假設，以及改變歷程。它能驅動你誠實地問自己一些問題，諸如「我在那場爭論中有錯嗎？」、「值得冒這個險嗎？」或者「如果另一個政黨的人做了同樣的事，我該如何反應？」等等。正如已故物理學家理查‧費曼（Richard Feynman）曾說：「**人生的首要原則，就是別自欺，騙自己最好騙。**」

我們自欺的能力是 2000 到 2010 年代的熱門話題。大眾媒體和暢銷書諸如：《康乃爾最經典的思考邏輯課》（*How*

We Know What Isn't So）、《誰說人是理性的！》（Predictably Irrational）、《騙局》（Why People Believe Weird Things）、《錯不在我？》（Mistakes Were Made (But Not By Me)）、《任何人都會有的思考盲點》（You Are Not So Smart）、《Denialism》、《Why Everyone (Else) is a Hypocrite》，以及《快思慢想》（Thinking, Fast and Slow）在在描繪出一幅有損形象的畫面，說明人類的大腦天生就會自我欺騙，我們會合理化自己的缺點和錯誤。我們沉溺於一廂情願的想法中。我們會精心挑選證據，以證實自己的偏見，並支持己方的政治陣營。

這幅畫面沒有錯，但缺少了一些東西。

是的，我們經常為自己的錯誤找藉口，但有時我們也會承認這些錯誤。我們改變主意的次數，少於我們應該改變的次數，但卻比我們能夠改變的次數要多。我們是複雜的生物，有時對自己隱瞞真相，有時卻又勇於直面真相。這本書是關於人們較少探索的一面，亦即我們如何成功地不自我欺騙，以及我們能從中學到什麼。

我開始寫這本書得回溯到 2009 年，當時我離開研究所，滿腔熱血投注全身精力在一項專案，它後來成了我的新職業：幫助人們為個人和職業生活的棘手問題推斷出解答。起初，我以為這需要教授人們機率、邏輯和認知偏誤之類的東西，並向他們展示這些學科知識如何應用到日常生活。但經過數年經營工作坊、閱讀研究資料、擔任顧問，以及人物採訪的經驗之後，我終於了解，**知道如何推斷並非我原先以為**

的萬靈丹。

　　知道自己應該測試假設並不會自動提高判斷力，就像知道自己應該健身並不會自動改善健康一樣。能夠不假思索說出一系列的偏見和謬誤是毫無幫助的，除非你願意承認在自己的思維中確實出現這些偏見和謬誤。我學到最重要的一課，也是得到研究人員證實的事情，亦即我們將在書中看到的：**我們的判斷力受到態度的限制，遠大於受到知識的限制。**

　　這不是說我就是偵察心態的完美典範。我會合理化自己的錯誤；我會逃避思考問題點；在面對批評時，我總抱持防衛態度。在為本書進行研究的過程中，我多次發現到自己實際上搞砸了一次訪談，因為我把時間花在說服受訪者相信我的論點是正確的，而不是試圖理解他們的觀點。（諷刺的是，我在一場關於開放思想的採訪中卻表現得如此保守。）

　　但我比以前表現得更好了，你也可以做得到。這就是我寫作本書的目的。我的方法涉及以下三個層面。

1. 事實不會與你的其他目標衝突

　　許多人非常不願意準確地看待現實，他們認為準確是實現目標的阻礙；以為若想要獲得幸福、成功且具有影響力，最好透過扭曲的鏡頭來看待自己和世界。

　　我寫這本書的目的之一就是要澄清是非。關於自欺有很多迷思，其中一些甚至受到著名科學家的大力宣揚。例如，

你或許已經看過許多聲稱「經研究證實」的文章和書籍，內容表明「自我欺騙」乃是心理健康的一部分，實事求是地看待世界只會徒增抑鬱。在第 7 章中，我們將檢視這些主張背後的可疑研究，同時看看心理學家如何自欺欺人，認為正向思考（positive thinking）會帶來好處。

或者你和大家一樣，認為在做一些困難的事情，比如說創辦一家公司時，你需要妄想自信過度。然而事實證明，世界上一些最著名的企業家都曾預想自己的公司有可能會倒閉。傑夫・貝佐斯（Jeff Bezos）認為亞馬遜成功的機率僅約 30%。伊隆・馬斯克（Elon Musk）估計，他的特斯拉（Tesla）和 SpaceX 這兩家公司，成功機率各是 10%。在第 8 章中，我們將了解他們之所以這麼做的理由，以及清楚認知你所面臨的可能性對你來說何以如此重要。

或者你也懷有這種普遍的觀點：「當然，如果你是科學家或法官，保持客觀是一件好事；但如果你是一名企圖改變世界的行動主義者，你不需要客觀，你需要的是熱情。」事實上，正如我們將在第 14 章看到的，偵察心態與熱情是互補的。我們將回到 1990 年代處於愛滋病危機的早期，並發現何以偵察心態對行動主義者成功阻止愛滋病流行如此重要。

2. 學習有助看清事物的工具

我在這本書中提供許多具體的工具，讓你用來培養更好

的偵察心態。例如，你如何推斷自己的論證是否有失公允？這並不像自問「我有偏見嗎？」如此簡單。在第 5 章，你將學習到諸如局外人測試、選擇性懷疑測試，以及從眾測試等思考實驗，來檢視你對於「你相信什麼」和「你想要什麼」如何進行推斷。

至於你如何判斷你對某個特定看法的確信程度？在第 6 章，我們將練習一些內省技巧，幫助你斷定從 0 到 100% 的確信程度，並訓練你了解，當你說出自己並不真正相信的說法時，會是什麼感覺。

你是否曾試著聆聽自身「另一方」的觀點，結果發現自己變得沮喪或憤怒？這可能是因為你採用了錯誤的方法。在第 12 章中，我們將學到一些建議，能讓你更容易從與你相左的觀點中學習。

3. 領會偵察心態所帶來的情感回饋

具體的工具固然重要，但我也希望本書能帶給讀者更多東西。面對充滿不確定性和失望的現實或許看來黯淡無望，但當你瀏覽本書關於「偵察兵」（scout）的例子時，你會注意到他們似乎並不沮喪。所謂偵察兵是我對特別擅長某些偵察心態的人的稱呼，即便沒有人是完美的。在大多數情況下，他們冷靜、開朗、有趣且果斷。

這是因為儘管從外在較難發現，但偵察心態表現一種情

感回饋（emotional rewards），能夠抵抗自我欺騙的誘惑，且知道自己即使是遇上不愉快的現實也有辦法面對，這使人增加自信。當你了解到風險所在且接受你所面對的可能性時，沉著平靜便應運而生。這種輕鬆的感覺令人耳目一新，你可以自由地探索想法，自在跟隨證據的導引，不受你「應該」想什麼的限制。

學會欣賞、領會到這些情感上的回饋，是保持偵察心態的祕訣。基於此，我將一些我最喜歡且鼓舞人心的偵察兵事例編入本書，這些例子多年來幫助我和其他人培養出偵察心態。

這趟旅程將帶領我們穿越科學、商業、行動主義、政治、體育、加密貨幣，以及生存主義的世界。我們將涉足文化戰爭、媽媽戰爭（Mommy Wars）和機率戰爭。在這個過程中，我們將解開一些謎題的答案，例如：為什麼看到孔雀尾巴會讓查爾斯·達爾文（Charles Darwin）傷透腦筋？是什麼讓一個專業的氣候變遷懷疑論者轉換立場？為什麼有些邪教式老鼠會的受害者設法脫身，而另一些人卻寧願受困其中？

這本書並非在怒吼人類有多麼不理性，也非試圖責罵你要「正確地」思考，而是一種不同的生存方式之旅，這是一種立足於對真相的渴望，一種既有用又充實的生存方式，在我看來，它過度被低估了。我很高興能和你們一同分享。

PART 1

下判斷的兩種心態

01

士兵心態 VS. 偵察心態

當你越能避免扭曲對現實的看法，判斷就會做得越好。

　　1894 年，德國駐法國大使館的一位清潔女工在廢紙簍裡發現了一樣最終使整個國家陷入混亂的東西。那是一份撕毀的備忘錄，而這位清潔女工是名法國間諜。[①] 她把這份備忘錄轉交給法國軍隊的高級官員，他們讀了之後驚恐地意識到，他們同官階之中有人持續向德國出售重要的軍事機密。

　　這份備忘錄沒有署名，但人們很快懷疑一位名叫阿爾弗雷德‧德雷福斯（Alfred Dreyfus）的軍官，他是陸軍參謀部唯一的猶太人。德雷福斯是少數能夠接觸到備忘錄中提到的敏感訊息的高級官員之一。他並不討人喜歡。他的同僚一致認為他冷酷、傲慢、自誇。

　　隨著軍隊對德雷福斯展開調查，可疑的軼事也開始逐漸增加。一名男子舉報說看過德雷福斯在某處圖謀不軌地遊蕩，問一些試探性的問題。另有人檢舉說，曾聽到德雷福斯

稱頌德意志帝國。^②德雷福斯至少被人發現過一次在一家賭場出現。有傳言說儘管他已經結婚了，他還是有很多情婦。實在很難說他是個可靠的人！

　　法國軍官逐漸確信，德雷福斯就是那名間諜。他們設法取得他的筆跡樣本，以便與備忘錄進行比對。核對成功了！好吧，至少看起來很像。不可否認的是，其中確實有些不一致的地方，但字跡如此相似肯定不是巧合。他們想要進一步確認，因此將備忘錄和德雷福斯的手寫樣本寄給兩位專家進行評估。

　　一號專家宣布比對成功！軍官們覺得自己獲得認證。然而，二號專家並不確信。他告訴這些軍官，兩份筆跡樣本很有可能出自不同人之手。

　　一個好壞參半的裁決並非這些軍官所期望的。但他們接著記起二號專家曾在法國銀行工作過。金融界充滿了有權勢的猶太人，而德雷福斯就是猶太人。他們怎能相信有如此利益衝突的人所下的判斷呢？軍官們已打定主意。德雷福斯就是他們要找的人。

　　德雷福斯堅稱自己是無辜的，但無濟於事。他最終被逮捕。1894 年 12 月 22 日，軍事法庭判定他犯有叛國罪。他被判處終身單獨監禁，被關在一個名為「惡魔島」（Devil's Island）的地方，位於遠在大西洋彼岸的法屬圭亞那（French Guiana）海岸，前身是痲瘋病院。

　　當德雷福斯聽到這個判決時，感到無比震驚。在被拖回

監獄後，他曾考慮過自殺，但最終認定這樣的行為只會更加證明他有罪。

送走德雷福斯之前的最後一個儀式，便是當眾摘除他的軍徽，此一事件被稱為「德雷福斯的革職」（the degradation of Dreyfus）。當一名陸軍上尉扯下德雷福斯制服上的穗帶時，一名軍官開了個反猶太的玩笑：「記住，他是猶太人。他可能在計算那個金色穗帶的價值呢。」當德雷福斯遭遊街示眾、經過他的軍隊同袍、記者和圍觀人群時，他喊道：「我是無辜的！」眾人怒斥辱罵回道：「猶太人去死吧！」

當他一到惡魔島，就被關在一間小石屋裡，除了他的衛兵之外無人與他接觸，而衛兵也拒絕與他說話。到了晚上，他就被銬在床上。白天，他寫信請求政府重審他的案子。但就法國政府而言，這件事已經解決了。

「我能相信它嗎？」vs.「我必須相信它嗎？」

事情看來可能並非如此，但逮捕德雷福斯的軍官其實並沒有打算要陷害一個無辜的人。從他們的角度來看，他們是在對證據進行客觀的調查，而證據指向了德雷福斯。*

---

* 值得注意的是，德雷福斯的檢察官將一份卷宗塞給法官，內含指控德雷福斯的偽造信件，從而左右司法公正。然而，歷史學家並不認為逮捕德雷福斯的警官從一開始就有意要陷害他；相反的，他們相信他的罪行，且願意用骯髒的手段來確保他被定罪。

　　儘管他們自認為調查是客觀的，但顯然他們的動機已影響了調查。他們面臨找到間諜的時間壓力，而且他們已傾向於不信任德雷福斯。然後，一旦調查之輪啟動，另一個動機於焉產生：他們必須證明自己是對的，否則就會冒著丟臉、甚至丟掉飯碗的風險。

　　德雷福斯的調查是人類心理學中被稱為「定向動機推論」（directionally motivated reasoning）的一個例子（更常見的說法為「動機推論」）。在這個理論中，我們的無意識動機會影響我們得出的結論。[3] 我所見過、對動機推論最好的描述，要數心理學家湯瑪斯・吉洛維奇（Tom Gilovich）所下的註解。他說，**當我們希望一件事是真的時，我們會自問：「我能相信它嗎？」，以尋找一個接受它的理由。當我們不希望某事是真的時，我們會問自己：「我必須相信它嗎？」，以尋找拒絕它的藉口。**[4]

　　當軍官們開始調查德雷福斯時，他們透過「我能接受這是犯罪證據嗎？」這樣的濾鏡來評估傳言和間接證據。如果他們沒有懷疑他的動機，他們就不會犯這麼多輕信的錯誤。

　　當二號專家告訴軍官們，德雷福斯的筆跡與備忘錄不符時，他們則是自問：「我必須相信這件事嗎？」並想出了一個不相信的理由：二號專家由於他的猶太信仰，使他有了利益衝突。

　　軍官們甚至搜查了德雷福斯的家，以尋找罪證，但一無所獲。於是他們自問：「我們還能相信德雷福斯是有罪的

嗎？」並想出了一個肯定的理由：「他可能在我們來之前就把證據銷毀了！」

即使你從未聽過「動機推論」一詞，但相信你對該現象已很熟悉了。它以不同的名字充斥在你身邊，包括：否認、一廂情願、確認偏誤（confirmation bias）、合理化、部落主義（tribalism）、自我辯護（self-justification）、過度自信、妄想（delusion）等。動機推論是大腦運作方式的基礎，若要特別給它取個名字也很奇怪；或許應該直稱它為推論或推斷。

你可以從人們如何樂於分享支持他們關於美國、資本主義或「這個年代的孩子」論點的故事，卻忽略那些與之相反的故事中看到這一點。你也可以從我們在一段令人興奮的新關係中總是把危險訊號合理化看到這一點，且總是認為我們所做的工作超出了我們應該做的。當有同事把事情搞砸了，那是因為他們能力不足，但若是我們自己把事情搞砸了，一切都是因為我們承受了很大的壓力。當對方政黨的其中一名政客違法時，就足以證明整個政黨的腐敗；但若當我方政黨其中一名政客違法時，只證明了單一個人的腐敗。

甚至在兩千年前，希臘歷史學家修昔底德（Thucydides）就曾這樣描述那些認為能夠獨力推翻雅典統治者的城市，關於他們的動機推論：「（他們）的判斷更多是基於盲目的願望，而不是任何合理的預測；因為這是人類的習慣……用至高無上的理性來排斥他們不渴望的東西。」[5] 修昔底德的解釋是我迄今為止發現對此現象最早的描述。但我毫不懷疑，

在那之前的數千年裡，人類一定也對彼此的動機推論感到好氣又好笑。如果我們的舊石器時代祖先發明書面語言，我們或許會在拉斯科（Lascaux）洞穴的牆壁上發現潦草的抱怨：「如果歐格認為自己是最好的猛獁象獵人，那他就是瘋了。」

視推論為防禦性戰鬥

關於動機推論的棘手之處在於，儘管很容易在其他人身上看到，但卻**很難從自身感覺到**。當我們論證的時候，會感覺自己是客觀、公正、沉著冷靜地評估事實。

然而，在我們意識的表面之下，我們就像士兵一樣，為捍衛自己的信念而與不利的證據搏鬥。事實上，在英語世界中，將推論比喻為一種防禦性戰鬥已成根深蒂固的習慣，以至於若不使用軍國主義的語言，是很難探討推論的。⑥

當我們談論自己的信念時，就好像它們是軍事陣地，甚至是用來抵擋攻擊的堡壘。信念可能是根深蒂固的，有充分的根據，建立在事實之上，並有論證支持。它們建立在堅實的基礎上。我們可能持有堅定的信念或強烈的觀點，對自己的信仰感到安心，或對某事有不可動搖的信念。

論證則是採攻擊或防守的形式。若我們一不小心，別人有可能會在我們的邏輯中找出漏洞或否決我們的想法。我們可能會遭遇來自相反立場的激烈爭論。我們的立論可能會受

到挑戰、破壞、損害或削弱。因此我們會尋找證據來佐證、
鞏固或支持我們的立場。時日一久，我們的觀點變得更加強
化、增強和鞏固。我們會死守著自己的看法不變，就像士兵
躲在戰壕裡，躲避敵軍齊射的戰火。

　　但假如我們改變主意了呢？那就是投降了。如果有個事
實不容忽視，我們或許會予以承認、同意或容許，就像是我
們讓它進入自己的高牆內。若我們意識到自己的立場站不住
腳，我們可能會予以中止、放棄，或者在某一點上讓步，就
如同我們在一場戰役中割讓陣地一樣。[*]

　　在接下來的章節，我們將學習更多關於動機推論（或我
所稱的「士兵心態」〔soldier mindset〕）的知識：探討我們
的思維為什麼是這樣構建的？動機推論究竟會帶來幫助還是
傷害？但在此之前，我很樂意可以跟讀者分享，這還不是可
憐的德雷福斯的結局。他的故事還在繼續，因為接下來有一
個新的角色登場了。

我有責重新調查

　　向大家介紹喬治·皮夸特上校（Georges Picquart）。從外
表來看，他是那種循規蹈矩，不會惹是生非的人。

　　1854 年，皮夸特出生於法國史特拉斯堡（Strasbourg）的
一個政府軍官世家，年紀輕輕就在法國軍隊中獲得顯赫地

位。他很愛國，是天主教徒，也是反猶太主義者，就像他的大多數同胞一樣。但儘管如此，卻不咄咄逼人。他是一個有教養的人，認為反猶太人的宣傳是低級的，例如 1890 年代法國民族主義報紙上刊登的長篇指責。然而，反猶太主義瀰漫在他周圍，他在成長過程中自然而然會對猶太人持輕蔑態度。

因此，當 1894 年有人告訴皮夸特，法國總參謀部唯一的猶太成員竟然是間諜時，皮夸特毫無懷疑地相信了這一點。當德雷福斯在審判中聲稱自己無罪時，皮夸特對他仔細觀察，認為那是演出來的。當德雷福斯被革職，他的徽章被摘掉時，是皮夸特開了一個反猶太的玩笑（「記住，他是猶太人。他可能在計算那個金色穗帶的價值呢。」）

德雷福斯被運往惡魔島後不久，皮夸特上校就被升職為負責調查德雷福斯的反間諜部門負責人。他的任務是收集更多針對德雷福斯的證據，以防判罪受到質疑。皮夸特開始搜尋，但一無所獲。

然而，一件更緊急的事情很快成了關注焦點，出現了另一名間諜！後來又發現了更多被撕成碎片、寫給德國人的信件。這一次，罪魁禍首似乎是一位名叫費迪南德‧沃爾辛‧

---

* 當你深入挖掘詞彙的起源時，那些甚至似乎與防禦性戰鬥隱喻沒有任何聯繫的詞彙，也會揭示出相關含義。「反駁」（rebut）一種說法，是指爭論該說法是不真實的，但這個詞最初是指擊退攻擊。你聽說過有誰是堅定忠實的信徒（staunch believer）嗎？「staunch」原指的是一堵築得很堅固的牆。或者你可能聽說過有人對於自己的信仰「堅定不移」（adamant），「adamant」這個詞曾經指的是神話中堅不可摧的石頭。

伊斯特哈奇（Ferdinand Walsin Esterhazy）的法國軍官。伊斯特哈奇有酗酒和賭博的問題，且負債累累，因此他有充分的動機向德國出售情報。

然而，當皮夸特研究伊斯特哈奇的信件時，他開始注意到一些事情。細緻、傾斜的字跡令人感到異常熟悉⋯⋯這讓他想起了德雷福斯所寫的原始備忘錄。他是在胡思亂想嗎？皮夸特取回德雷福斯的備忘錄，並把它放在伊斯特哈奇的備忘錄旁邊。他的心快跳到喉嚨。筆跡根本一模一樣。

皮夸特向陸軍內部的筆跡分析師出示伊斯特哈奇的信件，這位分析師曾證實德雷福斯的筆跡與最初的備忘錄相符。「是的，這些信的字跡與備忘錄相符，」分析師表示同意。

「如果我告訴你，這些信是最近寫的呢？」皮夸特問道。分析師聳了聳肩。他說，如果是這樣的話，那麼猶太人一定訓練了新的間諜模仿德雷福斯的筆跡。皮夸特並不採信這種說法。漸漸地，帶著恐懼，皮夸特開始面對一個無可避免的結論：他們判了一個無辜的人有罪。

他還有最後的希望：德雷福斯審判中所使用的密封檔案證據。他的同事們向他保證，他只需要查閱一下，就能確信德雷福斯有罪。於是皮夸特找了出來，細察裡面的內容。但他再一次失望了。據他所知，他一直被引導著相信的這份「鐵證如山」的文件並沒有確切的證據，純粹只有猜測。

對於同僚們的辯解，以及他們漠不關心是否判了一個無辜的人在監獄裡腐朽，皮夸特感到非常憤慨。他繼續進行調

查，即使他遇到的抵抗從原本的軍隊演變成遭受全面敵意。他的上司派他去執行一項危險的任務，希望他永遠不會回來。該計謀失敗後，他們以洩露敏感訊息的罪名將他逮捕。

但在經歷十年的牢獄之苦和多次審判之後，皮夸特成功了。德雷福斯被完全赦免並恢復了軍職。

德雷福斯復職後又活了 30 年。在他家人的記憶中，他對於這場折磨隱忍順從，儘管在惡魔島生活了這麼多年後，他的健康狀況已大不如前。真正的間諜伊斯特哈奇潛逃出境，死於貧困。而皮夸特則持續遭受他在軍隊中與人結怨的騷擾，但在 1906 年，法國總理喬治·克里蒙梭（Georges Clemenceau）任命他為戰爭部長，這要歸功於在（後來被稱為）「德雷福斯事件」期間，克里蒙梭非常欣賞皮夸特的努力成果。

每當有人問皮夸特為何這麼做？為什麼寧願甘冒自己的事業和自由的風險，如此不屈不撓地努力揭露真相，還德雷福斯清白，他的回答很簡單且一致：「因為這是我的責任。」

「這是真的嗎？」

德雷福斯事件使整個國家兩極分化，震驚全世界。但對我來說，它最吸引人的地方在於最出乎意料的英雄，皮夸特上校的心理。皮夸特和他的同僚一樣，有充足的動機相信德雷福斯有罪。他不信任猶太人，也不喜歡德雷福斯這個人。

此外，他也知道，如果他發現德雷福斯是無辜的，將會付出巨大的代價：這將給軍隊帶來莫大的醜聞，也會對他自己的職業生涯造成衝擊。但與他的同僚不同的是，這些動機並沒有扭曲皮夸特辨別真偽、似是而非的能力。

皮夸特逐漸意識到德雷福斯是無辜的這個過程，是認知科學家稱之為「準確動機推論」（accuracy-motivated reasoning）的一個顯著例子。它與定向動機推論不同。定向動機推論藉由「我能相信嗎？」和「我必須相信嗎？」來評估想法；精確動機推理則是經由「這是真的嗎？」對想法下定論。

當皮夸特尋找對德雷福斯不利的其他證據，期待並希望能找到時，他最終無法找到任何令人信服的證據。當他檢視伊斯特哈奇的筆跡，他能夠辨認出它與據說是德雷福斯所寫的備忘錄，其中的相似之處。當人們給他一個方便的藉口，以用來解釋新證據時（「新間諜可能只是被訓練來模仿德雷福斯的筆跡」），他覺得這似乎不夠合理，無法接受。而當他研究對德雷福斯不利的證據時，他原先一直認為這些證據是確鑿無疑的，但他發現這些證據根本不足以判有罪。

如果說定向動機推論就像是一名士兵在對抗不利證據，那麼準確動機推論就像是一名偵察兵在繪製戰略地圖。下一座山的後面是什麼？遠方究竟是河上有橋，還是我的眼睛欺騙了我？危險、捷徑、機會各在哪裡？我在哪些方面需要更多資訊？我的情報有多可靠？

偵察兵並不是冷漠、無動於衷。偵察兵可能希望知道這

條路是安全的，另一邊是靠不住的，或者有一座橋正好位於
他的部隊需要過河的地方。但最重要的是，他想知道真正存
在哪些東西，而不是自欺欺人地在地圖上畫一座現實生活中
並不存在的橋。擁有偵察心態意味著，你會希望你的「地圖」
（亦即你對自己和世界的看法）盡可能準確。

　　當然，所有的地圖都是現實的不完美簡化，偵察兵都很
清楚這一點。務使手上的地圖盡可能準確，這意味著意識到
自己的理解有其局限，因而追蹤記錄地圖上特別簡略或可能
出錯的區域。此外也意味著為了應對新的訊息，得隨時準備
好改變自己的想法。在偵察心態中，沒有所謂信念受到「威
脅」這回事。如果你發現自己在某些方面做錯了，只要改善
地圖即可，此舉對你有利而無害。

心態決定你的判斷

　　生活都是由各種主觀判斷所組成，你越能避免扭曲你對
現實的看法，你下的判斷就會越好。

　　偵察心態能讓你避免在一般人傾向於合理化的棘手問題
上欺騙自己，比方說：我是否該為那種疾病做檢查？是該停
損的時候嗎？還是說我放棄得太早了？我們的關係會變得更
好嗎？關於想要孩子這件事，我的另一半改變想法的可能性
有多大？

在工作上，這些棘手的問題可能包括：我真的必須解雇那個員工嗎？為了明天的簡報，我需要準備多少？對我的公司來說，現在募集大量資金是最好的選擇嗎？還是我只是被籌募資金為我帶來的立竿見影效果所誘惑？我真的需要在上市發表之前不斷改進這款產品嗎？還是說我只是在尋找理由延後發布？

偵察心態促使我們質疑自己的假設，並對我們的計畫進行壓力測試。無論你要提出一項新產品功能或計畫進行一項軍事演習，自問諸如「最可能失敗的方式會是什麼？」這樣的問題很重要，如此你便能事先針對這些可能性，設法強化你的計畫。如果你是醫生，這就表示在確定你最初的猜測之前，要考慮其他的診斷。正如同有位著名的臨床醫師（比方說在懷疑病人患有肺炎時），曾如此自問：「如果這不是肺炎的話，那還有可能是什麼呢？」⑦

即使是那些看似不需要仰賴偵察心態的工作，一旦你仔細觀察，通常也都是需要的。大多數人通常都會將「律師」與「為某一方辯護」聯想在一起，聽起來像是士兵心態。但當律師在選擇案件並為審判做準備時，他們需要對案件的優劣勢有全盤的了解。若高估了自己的立場，就會在法庭上被狠狠地敲醒。這就是為何有經驗的律師經常把客觀和自我懷疑，列為職業生涯中必須學習的最重要技能之一。正如一位知名律師所說：「當你年輕時，你因為太想幫助你的客戶，你會這麼告訴自己：『房間裡真的沒有一頭大象，也真的沒

有一頭繫著粉色絲帶的灰色大象……」』[8]

　　在我們與他人的關係中，我們構建了獨立、自成體系的敘述，從內心看來，就好像這些敘述純粹都是客觀事實。一個人的「我的伴侶對我漠視、冷淡」，可能是另一個人的「我很尊重地給他空間」；一個人的「真實」，可能是另一個人的「粗魯」。願意考慮其他詮釋（甚至相信除了你自己的解釋之外還有其他合理的解釋），需要具備偵察心態。

　　做一個樂於接受真相的人（即使那是痛苦的），如此別人才會願意誠實以對。你可以說，你想讓你的伴侶告訴你存在於你們關係中的任何問題，或者你想讓你的員工告訴你關於公司的任何問題，但如果你一聽到真相就變得防禦心重或好鬥，那麼你聽到真相的次數可能少之又少。沒有人想成為被槍殺的信使。

　　偵察兵和士兵算是原型。在現實中，沒有人是絕對的偵察兵，正如沒有人是完全的士兵。我們的思維方式會隨著時間和環境而改變。

　　交易員在工作中可能特別像偵察兵，樂於測試自己的假設，然後發現對市場的看法是錯誤的……接著回到家，在個人生活中又成了士兵，不願承認婚姻中的問題，或不願承認自己有可能出錯。一位企業家在和朋友談論到她的公司時，可能出現偵察心態，亟欲知道自己目前的計畫是否是個錯誤……第二天到了辦公室，當公司的共同創始人批評她的計畫時，她卻又變成士兵心態，出於本能地為之辯護。

士兵心態	偵察心態
推論過程就像一場防禦性戰鬥。	推論過程就像繪製地圖。
藉由自問「我能相信嗎？」或「我必須相信嗎？」來決定該相信什麼，而這取決於動機。	藉由自問「這是真的嗎？」來決定該相信什麼。
發現自己出錯，意味著遭受失敗。	發現自己出錯，意味著要修改自己的地圖。
尋找證據以鞏固及捍衛自己的信念。	尋找能讓自己的地圖更為準確的證據。
相關概念：定向動機推論、合理化、否認、自欺、一廂情願。	相關概念：準確動機推論、尋求真理、發現、客觀性、理性誠實（intellectual honesty）

　　我們都是偵察兵和士兵的混合體。但在某些情況下，有些人比大多數人都更擅長偵察。這些人像皮夸特一樣，他們是真心渴求真相（即便真相不是他們所希望的），而且不太願意接受糟糕的論點（即便是省事的）。他們更有動力走出去，檢驗自己的理論，發現自己的錯誤。他們更能意識到自己的現實地圖有可能是錯誤的，更願意改變自己的想法。這本書是關於上述這些人做對了哪些事情，以及我們可以從他們身上學到什麼，以幫助我們從士兵變成偵察兵。首先，我們必須從探討士兵開始。為什麼士兵心態經常是我們大腦思考的預設值？是什麼讓它如此頑強？或者換句話說，如果偵察心態如此強大，為什麼並不是每個人都在運用這套思維？這即是下一章的主題：士兵在保護些什麼。

02

士兵心態的局限

士兵心態給我們情感和社交的利益，卻也限制了我們。

我試圖遵守這樣的規則：當你提倡改變某件事時，首先應該要確保自己理解該事物的來由。

這項規則名為「切斯特頓圍欄」（Chesterton's fence），由英國散文作家切斯特頓（G. K. Chesterton）於 1929 年的一篇文章中提出。[①] 他說，想像你正在勘測一大片剛買的土地，然後發現這片土地原先的主人在其中一條道路上搭起了圍欄。你會這麼問自己：「為什麼會有人在這裡豎起一道柵欄？看起來實在沒必要又愚蠢，我們來拆掉它吧。」但切斯特頓認為，如果你不明白為什麼這裡要有圍欄，你就不能百分百確定可以逕自拆除。

他說，長期存在的習俗或制度就像那些圍欄。天真的改革家看著這些習俗制度會說：「我看不出這種習俗有什麼用，就讓我們廢除它吧。」但考慮周密的改革家會回答說：「如

果你不明白它的用途，那麼我不能讓你毀掉它。請離開吧，確保你明白它原先的目的是什麼，只有到那時，一旦你確信它不再是不可或缺的，我們才可能允許你摧毀它。」[②]

在這本書中，我提出了一種改革。我的觀點是，在很多情況下，我們最好放棄預設的士兵心態，轉而學習偵察心態。同時，我想當個考慮周密的改革者，而不是天真的改革者。無論有多強而有力的證據證明士兵心態的好處，在我們知道何謂士兵心態之前，這個論證都是不完善的。在一些重要層面上，動機推論對我們有益嗎？若放棄它，我們會失去什麼？

從心理學家到行為經濟學家，從演化心理學家到哲學家，許多領域的專家都以不同的方式探索動機推論。到目前為止，關於「動機推論的作用是什麼？」這個議題，已有了各式各類大量文獻。我將之分為六個互為重疊的類別：自尊、安慰、士氣、說服、形象，以及歸屬感。

安慰：避免不愉快的情緒

2016 年，有一幅漫畫似乎捕捉到當時全球人民的情緒，因而在網路上瘋傳。畫面中描繪了一隻戴著帽子坐在桌前的狗，牠所處的房間已陷入火海。這隻狗卻仍強裝微笑，堅稱「這還好」（This is fine）。

　　士兵心態幫助我們避免恐懼、壓力和後悔等負面情緒。有時我們會否認，就像「這還好」的那隻狗。其他時候，我們則是尋求用來描述這個世界的安慰性敘述，並選擇不要太仔細地審視現實。一切都是最好的安排。人們會得到報應。夜越黑，星星就越亮。

　　在伊索寓言《狐狸與葡萄》（*The Fox and the Grapes*）中，一隻狐狸看到一根他搆不著的樹枝上掛著一串多汁的葡萄，就因此斷定反正這串葡萄是酸的。當我們得不到想要的東西時，我們也會運用類似的「酸葡萄」推論法。當和我們有過美好第一次約會的人卻不回電時，我們可能就會覺得反正那個人很討厭。當一份工作機會從指間溜走時，我們可能會認為「這是最好的結果；反正工作時數應該會很長」。

　　酸葡萄的近親是甜檸檬：當看似無法解決一個問題時，我們可能會試圖說服自己，我們的「問題」實際上是一種祝福，即使我們有能力也不會改變它。在人類歷史上，一直到最近，難以忍受的疼痛都是分娩過程不可避免的一部分。由於我們對此無能為力，許多醫生和牧師都認為疼痛是件好事，因為它能促進靈性成長和性格優勢（strength of character）。1856 年，一位產科醫生向人們保證：「分娩的痛苦是上帝分配的，這是不容置疑、最明智的做法。」[③]

　　如今，既然已有了硬膜外麻醉（epidural anesthesia），我們就不再堅持那甜檸檬的甜度了。但我們仍對衰老和死亡持有相似的看法：它們是美麗的，它們賦予生命意義。利昂·

卡斯（Leon Kass，美國小布希總統任命之「總統生物倫理委員會」主席）認為：「也許死亡不純粹只是一種惡，甚至可能是種祝福。」他認為，也許我們感受到愛的能力，取決於我們是否意識到生命的有限性。[④]

讓這個故事增添更多曲折的是，值得令人感到安慰的事情並不總是樂觀的，有時還恰恰相反：正因毫無希望，所以你最好也不用擔心。如果你正努力掙扎、勉強應付一門很難的課，很容易會誘使你得出這樣的結論：「這根本毫無意義的。我的表現永遠無法好到把我的分數提高。」在放棄的那一刻，會讓人感到愉快的解脫。或者你也許會認為，沒有必要為可能的未來災難（比如地震或海嘯）預做準備，所以你根本不需要煩惱。「大多數人都會攤了攤手說：『這就是命運，不是我所能控制的。』」研究災難準備心理學的紐約大學（New York University）社會學教授艾瑞克·克林南柏格（Eric Klinenberg）如此表示。[⑤]

自尊：自我感覺良好

在電影《風流教師霹靂妹》（*Election*）中，女主角崔絲·佛力克（Tracy Flick）頗有抱負，勤奮努力，但卻很難交到朋友。「沒關係，」她告訴自己。「我已經開始接受這樣一個事實，那就是很少人是真正命中注定要與眾不同，我們都是

獨行俠……如果你要成為傑出的人，就得接受孤獨。」[6] 和崔絲一樣，我們經常用士兵心態來保護自我，為不光彩的事實尋找更顯漂亮的說法。例如：我也許不富有，但那是因為我正直。我沒有很多朋友是因為人們會怕我。

各種各樣的信念都可以用來捍衛我們的自我，因為它們在某種程度上與我們的優勢或劣勢有關。如果你的書桌上總是堆滿了書和紙張，你可能特別容易接受「凌亂是創造力的標誌」這個說法。倘若你時間上許可，且有可支配的收入供你頻繁旅遊，你可能會認為「若還沒見過這個世界，你不可能成為一個真正全方位的人」。假如你在升學考試中表現不佳，你可能會特別贊同「標準化考試不能衡量你有多聰明，只能衡量你有多會考試」這樣的論點。

時間久了，我們對世界的信念會隨著我們的成績紀錄而調整。1990 年代末有一項研究追蹤一群大學生在校四年的表現，記錄他們的自我形象、成績，以及他們對成績重要性的看法。隨著時間的推移，成績比預期差的學生得出的結論是：「成績畢竟沒有那麼重要。」[7]

你的自我形象甚至塑造了你關於世界如何運轉的最基本信念。窮人較相信運氣在生活中扮演重要角色，而富人則傾向於相信努力工作和天賦才能。當經濟學家羅伯・法蘭克（Robert Frank）在《紐約時報》（*New York Times*）專欄中寫道，運氣是成功的一個重要（雖然不是充分）因素時，福克斯財經新聞網（Fox business）評論員斯圖爾特・瓦尼（Stuart

Varney）勃然大怒。「你知道我讀到這句話的時候有多侮辱人嗎？」他問法蘭克。「35 年前我一無所有來到美國。我想，藉由努力工作、天賦和冒險精神，我已經讓自己有所成就，而你卻在《紐約時報》上寫道，這是運氣。」[8]

再一次，這個故事有個曲折：為了自尊而進行的動機推論並不總是意味著相信你很聰明、很有才華，每個人都喜歡你。心理學家將「自我提升」（self-enhancement）和「自我保護」（self-protection）區分開來。前者指的是用正面積極的信念來改善自我，後者指的是避免自我受到打擊。為了保護自己，你可能寧願把自己往最壞的方面想。在一個熱門影片中，YouTube 影片創作者娜塔莉・維恩（Natalie Wynn）稱之為「受虐認識論」（masochistic epistemology）：任何會傷人的，都是真實的。該詞引起了許多人的共鳴。正如一位觀眾所評論的：「假設人們認為我沒有魅力，要比我期望別人認為我漂亮、但其實他們並不以為然，感覺會更安全些。」[9]

士氣：激勵自己去做困難的事

我寫這本書時正好住在舊金山。在這個城市，每個人和他們的 Uber 司機都期待出現下一家價值 10 億美元的科技公司。在這裡，每個人都認為非理性的樂觀主義是一件好事，它會激勵你迎接艱巨的挑戰、無視反對者，並在事情變得艱

難時繼續堅持下去。那麼，難怪在一項調查中，幾乎所有企業家都估計自己公司的成功機率至少有 70%，其中三分之一的人自認為成功機率是不可思議的滿分，儘管新創企業成功的成功率基線還不到 10%。[⑩]

我們用來正當化高自信的一個策略是，降低機率與成功的相關性，告訴自己成功純粹是努力夠不夠的問題。正如一位勵志部落客所承諾的：「如果你下定決心去做你喜歡做的事，並且每天都努力去做，你就有百分之百的機會成功。」[⑪]

另一個具心理因素的舉動是，選擇性地只聚焦在那些能支持我們保持樂觀的情境，而忽略證明悲觀的情境。當我開始要成立一個組織的時候，我雖然知道大多數組織會落得失敗命運，但我用這樣的想法安慰自己：「我們比大多數組織都還要有優勢，因為我們已有了贊助人網絡。」這是事實，也是得以保持樂觀的理由。但我原本也可以從這樣的角度觀察：「我們比大多數組織都要居於弱勢，因為我們還很年輕，欠缺經驗。」這也是事實。

我們需要士氣來做出艱難的決定，並以堅定的信念付諸行動。這就是為何決策者往往避免考慮其他選項，或是去想關於目前計畫的不利因素。1970 年代，社會學家尼爾斯・布魯森（Nils Brunsson）花時間深入採訪一家瑞典公司，觀察到當公司的人召開會議「決定」要做的項目時，實際上他們很少花時間在考慮其他選項。相反地，他們很快就確定了一個選項，並在會議中大部分時間內提出了支持該選項的觀點。

「這幫助他們建立了對專案計畫的熱情，他們認為這是克服困難所必需的熱情。」布倫松如此總結。[⑫]

安慰、自尊和士氣都帶來情感上的好處，這意味著我們欺騙的最終目標是我們自己。接下來要談的關於士兵心態的三個好處與上述有些不同。說服、形象和歸屬感都屬於社交利益，在這些情況下，我們會經由自我欺騙的方式，來達到欺騙他人的目的。[⑬]

說服：說服自己以信服他人

林登・詹森（Lyndon B. Johnson）任美國參議員時，他有個被朋友和助理稱為「激發」（working up）的儀式。當他需要說服別人相信某事時，他會一次又一次地練習以該立場論證，帶著熱情，使自己願意相信。他最終將能夠以絕對的肯定捍衛他的立場，因為到那時，他已經很確定了，不管他一開始的觀點如何。「這不是演戲，」詹森的新聞祕書喬治・里迪（George Reedy）表示。「他有一種不可思議的能力，能說服自己相信，對當下來說，方便、好用的『真相』就是真相，任何與之相矛盾的事物都只是敵人的託詞。」[⑭]

詹森的這種蓄意自我欺騙的能力並不尋常。但我們或多或少都會這麼做，只是較沒那麼刻意罷了：當我們需要說服

別人某事時，我們自己會積極地相信這件事，同時尋找能為其辯護的論證和證據。

當法學院學生為了模擬法庭做準備時，他們開始相信自己在這個案件上，無論是道德和法律上都站在正確的一方，即便所代表的那一方是隨機分配的。[15] 身為一名企業家，如果你能以真誠熱情的語氣，談論你的公司現況是如何的好，其他人可能也會這麼認為。說客、銷售人員和募資者可能會誇大他們的事業或產品的優勢、淡化缺陷，以便更容易推銷給其他人。

教授可能會說服自己，她的理論比實際上更具原創性，如此一來她就可以在自己的公開演講和寫作中聲稱那些都是自己的獨創。即使有些熟悉她所在領域的人意識到她有誇大的傾向，她仍然可以對大多數人自吹自擂而不被發覺。這往往會讓她「意外地」誤解別人的論點，而沒有留意到自己攻擊的是一個沒有人真正提出的稻草人（straw man，**譯按：亦即刻意扭曲對方的論點，再針對扭曲後的論點進行反駁**）論點。

即使我們並非專業的說客，也有很多我們希望自己的朋友、家人和同事相信的事情。例如：**我是個好人。我值得你的同情。我已經盡力了。我是個有價值的員工。我的事業真的很成功。**我們越能讓自己真心相信這些說法，收集到越多足以支持的證據和論述，我們也就越容易說服別人相信（至少邏輯上是如此）。

正如林登·詹森曾經說過的：「讓人信服的就是信念。」[16]

形象：選擇讓我們看起來不錯的信念

當我們挑選要穿的衣服；在套裝還是牛仔褲、皮革還是麻布、高跟鞋還是高筒球鞋之間擺盪時，我們等於間接暗示地自問：「什麼樣的人會穿這種衣服？是有品味、無拘無束、不落俗套，還是腳踏實地的人？我希望別人這樣看我嗎？」

我們以類似上述的方式選擇信念。* 心理學家稱之為印象管理（impression management），進化心理學家則稱之為訊號（signaling）：當考慮一種說法時，我們會暗示地自問：「什麼樣的人會相信這樣的說法？我希望別人看到的是這樣的我嗎？」

不同的人喜歡用來展示自己的衣服也不盡相同，信仰也是如此。有人可能會被虛無主義吸引，因為虛無主義讓他顯得前衛；也有人可能深受樂觀主義吸引，因為這能讓他討人喜歡；還有人可能會在爭議性議題上傾向溫和的立場，以便顯得成熟。請注意，這裡的目標並非像「說服」一樣，要讓其他人也跟你有相同的信仰。上述選擇當個虛無主義的人並不是要讓其他人相信虛無主義，而是試圖讓別人相信他相信虛無主義。

---

* 信念和衣服之間的類比，參考自羅賓・漢森（Robin Hanson）的〈信念像衣服嗎？〉（Are Beliefs Like Clothes?）一文。網址：http://mason.gmu.edu/~rhanson/belieflikeclothes.html。

　　就像服裝有潮流，思想也有潮流。當「社會主義比資本主義好」或「機器學習將改變世界」這樣的想法開始在你的社交圈中流行起來時，為了趕流行，你可能會主動接受這些想法。除非愛唱反調是你形象的一部分。若是這種情況，一個越來越受歡迎的想法可能會讓你更排斥（而非更樂意）接受。

　　儘管存在各式各樣的偏好，但一些關於自我表現的偏好近乎普遍。幾乎沒有人喜歡穿著骯髒或臭衣服到處走。類似的是，幾乎沒有人願意持有那種讓自己看起來瘋狂或自私的信念。因此，為了我們的形象，我們會為自己的行為尋求合乎情理的解釋，例如：「我之所以反對在我的社區裡蓋新建築，是因為我擔心它對環境造成的影響。當然不是因為我想讓自己的房產保持在高價位！」

　　在這一點上，缺乏理解某事的能力有時會有幫助。我記得在高中時，我和一群同學坐在一起，討論我們認識的某個人對朋友最近的成功感到痛苦。我們這群裡有位叫戴娜的女孩感到不解：「為什麼有人會嫉妒朋友呢？」

　　「噢……戴娜實在太單純了，她甚至不能理解嫉妒的概念！」有人憐憫地說。

　　「我說你們啊，我實在是不懂！」戴娜對那些此起彼落的「噢」表示抗議。「為什麼你不能為你朋友的開心而感到高興呢？」

歸屬感：融入你所屬的社群

在某些宗教社群，失去信仰意味著失去婚姻、家庭，以及整個社會支持系統。這雖是個極端的例子，但所有的社會團體都有一些期望成員能共享的信念和價值觀，諸如：「氣候變遷是一個嚴重的問題」、「共和黨人比民主黨人好」、「我們團隊是為一個有價值的事業而戰」，或是「孩子是種祝福」。持有異議或許不至於讓你被踢出團隊，但仍有可能會使你與其他成員疏遠。

需澄清的是，遵從共識並非士兵心態固有的天性。在網路漫畫《XKCD》中，有位家長向孩子提出一個老掉牙的反問：「如果你所有的朋友都去跳橋，你也會跟著跳嗎？」正確答案應該是心不甘情不願地回答：「不，當然不會。」但這孩子卻回答說：「可能吧。」因為畢竟，哪個選項更有可能？是他的朋友們同時都瘋了，還是橋著火了？[⑰]這孩子說的有道理。遵從共識通常是一種明智的啟發法（heuristic，**譯按：根據有限知識，在短時間內找到解決方案的一種技術**），因為你無法獨力調查所有事物，而別人知道你所不知道的事情。

當你不願發現這份共識是錯誤的時候，動機推論於焉產生。我的朋友卡嘉（Katja）在一個被她稱為「嬉皮」（hippie）的小鎮長大，那裡的每個人（包括她自己在內）都有強烈的環保主義觀點。但一上了高中，卡嘉就開始在網路或經濟學

教科書上看到這樣的論點：有些環保主義政策是無效的，而伐木公司並沒有人們想像得那麼有害。

她總會尋找邏輯中的瑕疵。但有時令她驚慌的是，這些論點似乎是……正確的。在那些時刻，她的胃會下沉。「當我得到了『錯誤的答案』時，我會感到很不舒服，」她告訴我，「就像有些關於林業的論據，而我又沒有立即找到一個好的反駁論點。」

融入不僅僅是順應團隊的共識，這也意味著你要藉由拒絕任何威脅到團體榮譽的證據，來顯示你對該團隊的忠誠。強烈認為自己是「玩家」的人（換句話說，他們贊同「我很高興成為一名遊戲玩家」及「當有人批評玩家時，感覺就像對個人的侮辱」），會比一般人更懷疑那些主張暴力電子遊戲有害的研究。[18]在天主教牧師被指控性虐待時，那些強烈認為自己是天主教徒的人（亦即，他們認同「我感覺與天主教徒團結一致」和「我很高興成為一名天主教徒」的說法）也會更加懷疑該項指控。[19]

在某些群體中，若想融入其中，就得接受別人限制你想要什麼或對自己的看法。這種現象被稱為「高罌粟花綜合症」（tall poppy syndrome）：任何表現出太多的自重或野心、試圖成為「高罌粟花」的人，都會被人挫挫他的銳氣。如果你想融入這樣一種文化，你可能會養成輕描淡寫自己成就和目標的習慣，即使是在你自己的內心深處亦然。

　　當你想到我們在士兵心態下所做的所有事情時，就會明白為什麼經常提出的修復是徒勞的。這類修復通常包括「教學」或「訓練」等詞，例如：

　　我們需要教導學生何謂認知偏見。

　　我們需要訓練人們的批判性思維。

　　我們需要教育人們理性和邏輯。

　　無論是從長遠的角度來看，或離開教室之後，這些方法都無法保證改變人們的思維。而我們對此應該不陌生。我們使用動機推論並非因為我們不知道其他更好的，而是因為我們試圖保護對於我們來說極為重要的東西，亦即我們對生活和對自己感覺良好的能力、我們努力嘗試困難的事物並堅持下去的動力，我們讓自己看起來不錯、具備令人信服的能力，以及我們在社群中被接受的程度。

　　雖然士兵思維通常是我們得償所願的策略，但這不一定意味著它是一個好策略。在某些情況下，它反而會適得其反。在前述「說服」一節中我們看到，在模擬法庭案件中，被隨機分配到某一方的法律系學生在閱讀了案件材料後，會相信自己所代表的一方，無論在道德和法律上都是正確的。但這份堅信並不能幫助他們說服法官。相反地，那些對自己這方的優點更具信心的法學院學生，贏得官司的可能性要小得多，也許是因為他們欠缺考慮及準備對自己論點的

反駁。[20]

　　即便士兵心態並不完全帶來反效果，但仍看不出它是我們的最佳策略。與其藉由否認自己的缺點來提升自尊，不如正視並改正缺點更能提升自尊。與其壓抑自己與社群之間的歧見以尋求社會的接納，不如瀟灑離開，去找尋一個更適合你的社群。

　　本章以切斯特頓圍欄的問題開始提問：士兵心態的目的是什麼？我們是否有自信，認為摧毀它是沒問題的？到目前為止，我們已經解決了這個問題的前半部分。要回答後半部分，我們需要確定，在沒有士兵心態的情況下，我們是否能同樣有效地（甚至更有效）得到我們珍視的東西。這就是下一章的內容。

03

評估心態的成本與利益

成本與利益可能被高估或低估，你需要一張精確的地圖。

　　讓我們回顧一下。在士兵心態中，關於想要接受的事物，我們會以這個問句來思考：「我能相信嗎？」；而關於想要拒絕的事情，則是自問：「我必須相信嗎？」。我們運用士兵心態幫助自己維持一種信念，能增強自尊、給予安慰、提升士氣、說服他人、培養具吸引力的形象，並幫助我們融入所處的社會群體。

　　在偵察心態模式中，我們的思考乃是由以下問題所引導：「這是真的嗎？」為了下好的判斷，我們利用這個問句來看清事物，如此便能解決問題、發現機會、明白哪些是值得承擔的風險，以及決定想要如何度過自己的一生，而且，有時候，純粹出於好奇心，這個問句能幫助我們更加了解生活的世界。

偵察心態與士兵心態的功用

我們運用士兵心態來採納及捍衛信念，以給予我們……	我們利用偵察心態看清事物，以便我們……
情感利益： · 安慰：處理失望、焦慮、後悔、嫉妒等情緒。 · 自尊：自我感覺良好 · 士氣：應對挑戰、不氣餒。	對於哪些問題值得解決、哪些風險值得承擔、如何追求我們的目標、要相信誰，以及想要過什麼樣的生活做出正確的判斷，並隨著時間的推移改善我們的判斷。
社交利益： · 說服：說服別人相信對我們有利的事物。 · 形象：表現出聰明、幹練、富有同情心、道德高尚的樣子。 · 歸屬感：適應我們的社交團體。	

取捨總在無意識間

　　這是人類的悖論之一：我們的信念同時為許多不同的目的服務。我們最終總是會做出取捨。

　　我們在判斷和歸屬感之間權衡取捨。如果你生活在一個關係緊密的社群，當你運用士兵心態，可能會更容易融入並抑制你與社群價值觀之間的任何重大歧見。另一方面，如果你允許自己質疑社群的價值體系，你可能會意識到，你最好

拒絕社群對道德、宗教或性別角色的看法，並決定過一種不
那麼傳統的生活。

我們在判斷和說服之間權衡取捨。我的一位朋友曾在知
名的慈善機構工作，對於該機構的負責人能夠自我說服、相
信預算中的每一元都花得值得，如此便能向潛在的捐贈者證
明這一點，我的朋友常為此感到驚嘆。另一方面，負責人的
這種自欺也使得他不願縮減失敗的項目，因為在他看來，這
些項目並沒有失敗。我的朋友回憶道：「為了向他證明一些
顯而易見的東西，你會需要費盡脣舌、與他展開一場真正的
辯論。」在這種情況下，士兵心態能讓這位負責人更善於說
服人們捐款，但卻不利於他決定如何使用這筆錢。

我們在判斷力和士氣之間權衡取捨。當你想出一項
計畫時，若只聚焦在它的積極面（如「這真是個絕佳的主
意！」），能幫助你激發實現它的熱情和動力。另一方面，
如果你仔細檢視計畫中的缺點（如「缺點是什麼？失敗的可
能性有多高？」），你就更有可能注意到是否有更好的計畫
可供替代。

我們隨時隨地都在做這類權衡，且通常都是在毫無自
覺的情況下進行。畢竟，自欺的關鍵在於，它發生在我們察
覺到的意識底下。如果你發現自己正在明確地思考：「我應
該坦承自己搞砸了嗎？」這個問題就沒有任何意義。我們的
潛意識會根據具體情況來選擇優先考慮哪些目標。有時我們
會選擇士兵心態，以犧牲準確性來實現我們的情感或社會目

標。有時我們選擇偵察心態去尋找真相，即使事實並非我們所想像。

　　有時，我們的潛意識試圖兩者兼顧。我過去曾在教育研討會上授課，當時我特別留意查看學生的狀況，以了解他們的學習吸收程度。我知道，假如有學生聽不懂或不開心，早發現總比晚發現好，這樣我就能設法解決問題。尋求反饋對我來說從來都不是件容易的事，所以我為自己這次做了好事深感自豪。

　　至少，當時的我很自豪，直到我意識到我正在做一些以前從未注意到的事情。每當我問一位學生：「你喜歡這個研討會嗎？」我會開始點頭，臉上帶著鼓勵的微笑，好像在說：「答案是肯定的，對吧？請說是的。」顯然，我想要保護自己的自尊和幸福的欲望，與我想要了解問題以便解決問題的欲望相互較量。我要求得到誠實的反饋，同時點頭鼓勵地問一些引導性的問題，這段記憶現在已經烙印在我的腦海中，士兵和偵察兵之間的緊張關係形成了一個單一的圖像。

人是理性的非理性嗎？

　　既然我們會持續不斷在偵察兵和士兵心態之間做出這些無意識的權衡，那麼我們有必要知道：我們擅長這麼做嗎？我們是否擅長在特定情況下，能直覺地權衡「了解真相」與

「相信謊言」的成本和效益？

由經濟學家布萊恩・卡普蘭（Bryan Caplan）所提出的「理性的非理性假設」（rational irrational hypothesis）[1]主張，人類大腦已進化到有著很好的權衡能力。假如「理性的非理性」聽起來矛盾，那是因為它運用了「理性」（rational）這個詞的兩種不同含義：知識理性（Epistemic rationality）意味著懷有經證實的信念，而工具理性（instrumental rationality）則意味著有效行動以實現目標。

因此，理性的非理性意味著我們善於無意識地選擇「夠多的」知識非理性來實現社會和情感目標，而不會過於損害我們的判斷力。一個理性的非理性人唯有在否認所帶來的安慰度夠高，以及解決問題的機會夠低的情況下才會否認問題。一個理性的非理性執行長只會在他說服投資者的能力所帶來的正面影響大於其戰略決策所帶來的負面影響時，才會誇大他對公司健康營運狀況的看法。

那麼，我們都是理性的非理性人嗎？

若是這樣的話，我在這本書裡也就沒什麼可說的了。我可以喚起你的利他主義意識，鼓勵你為了成為好公民、更多選擇偵察心態。或者我也可以呼籲你天生對真理的熱愛。但如果你已經在偵察兵和士兵心態之間找到了最佳的平衡，我不能說更多的偵察心態會讓你個人更好。

這本書在你手中的這個事實，算是有點劇透了我的回答：不，我們不是理性的非理性人。在我們的決策過程中存在著

幾種主要的偏見，我們在某些方面會傾向於誤判真相的成本和效益。這些偏見使得我們過度重視士兵心態，導致我們選擇的士兵心態比應該的更多；同時低估了偵察心態，導致我們選擇的偵察心態比應該的更少。

高估士兵心態的即時報酬

身為人類最令人沮喪的方面之一，就是我們總是會破壞自己的目標。我們付了健身房的會費，但很少使用。我們開始節食計畫，然後放棄。我們一再拖延、逃避寫論文，然後到了截止日期的前一晚，再詛咒過去的自己讓我們陷入這種困境。

這種自我破壞的根源是「高估現狀的偏誤」（present bias），這是我們直覺決策（intuitive decision-making）的一項特徵，我們過於關注短期結果，而對長期結果關注太少。換句話說，我們缺乏耐心，而當潛在報酬越來越接近時，我們會變得越來越不耐煩。[2]

當你盤算是否要辦張健身房會員卡時，理論上，權衡之下似乎是值得的。每週花幾個小時鍛鍊身體，以換取你更佳的外表和更好的感覺？簽了吧！但在任何一個早晨，每當你面臨「關掉鬧鐘，幸福地睡回籠覺」或「起身前往健身房，以取得難以察覺的健身目標進展」的抉擇時，這是一個更難

的決定。選擇賴床的報酬是立竿見影的；選擇健身的報酬則是分散和延遲的。不管怎麼說，少參加一次健身課程，會對你的長期健身目標造成什麼影響嗎？

眾所周知，高估現狀的偏誤會影響我們的行為選擇。但我們很少注意到的是，它也形塑了我們如何思考的選擇。就像睡懶覺、中斷你的節食計畫，或是拖延你的工作，我們收穫士兵心態下所帶來的立即報酬，而其所產生的任何代價，要到之後才會顯現。如果你擔心自己犯的過失，並說服自己「這不是我的錯」，你會得到即時的情緒解脫。代價是你會錯過從錯誤中學習的機會，這意味著你無法防止錯誤再次發生。但直到將來某個未知的時刻之前，都不會影響到你。

在一段關係的早期（無論是愛情、職場或其他人際關係），高估你的積極特質最為有效。當別人第一次見到你時，他們對於你作為員工或伴侶的素質知之甚少，所以他們只好依賴諸如「他看來對自己的素質有多自信？」等依據。但是，當別人和你相處的時間越長，就會越了解你的實際優勢和弱點，也就越不需要把你的自信當作依據。

對成功的機會過於樂觀，會立刻給你一股動力。但當成功所需的時間比你預計的還要長時，這些激勵性的好處會逐漸減少，甚至會適得其反。正如法蘭西斯・培根（Francis Bacon）所說：「『希望』是頓美好的早餐，但卻是頓糟糕的晚餐。」

低估培養偵察心態習慣的價值

當你早上醒來、準備前往健身房時，這個選擇的好處不僅僅在於你燃燒的卡路里或你那天鍛鍊的肌肉，還在於你可以強化有價值的技能和習慣。這顯然包括去健身房的習慣，但也包括做困難事情的更廣泛技巧，以及兌現對自己承諾的更廣泛習慣。

我們理論上知道這一點，但要發自內心體會到這些好處是很難的，尤其是當你的鬧鐘在早上六點響起，而你的床既舒適又溫暖的時候。任何一天，單獨來說，對你的習慣和技能並沒有太大的影響。「我可以明天再去。」當你關掉鬧鐘時，你這麼想。這是真的，但是當然，你明天也會這麼想。

同樣地，**採取偵察心態模式的好處不僅僅在於讓你的現實地圖更精確，更在於你正在強化的習慣和技能**。即使在類似政治這樣擁有準確的信念並不能給予你直接幫助的領域，你思考的方式仍然會間接地影響你，因為你在強化一般的思維習慣。每當你說：「哦，這是一個好觀點，我沒有想到這一點。」你就會更容易承認好的觀點。每次你選擇在引用一個事實之前先行檢查，你就更有可能記住檢查你的事實。每次你願意說「我錯了」的時候，你就更容易犯錯了。

這些和其他有價值的偵察兵習慣是隨著時間的累積而形成的。但在任何特定的情況下，「逐步改善我的思維習慣」的好處，很難與士兵心態方式帶來的生動和即時的報酬相匹敵。

低估自欺的漣漪效應

情景喜劇中經常使用的一個說法是「欺騙導致更多欺騙」。你之前一定也見過這樣的場景：主角犯了些小錯，例如忘了給妻子買聖誕禮物。為了掩蓋這件事，他撒了個小謊。例如他把原本買給父親的禮物送給了她，假裝是他買給她的。但接著他需要用另一個謊言來圓第一個謊：「這是一條領帶……對了，我一直想告訴你，我覺得你戴領帶很性感！」而到了這一集結尾，他只能無奈地看著老婆每天都打領帶。

為了達到喜劇效果，這個比喻有些誇張，但它是立基於一個真實的現象：當你撒謊時，很難準確預測你在未來會對自己做出什麼承諾。

就像我們對別人說的謊一樣，我們對自己說的謊也會產生漣漪效應。假設你傾向於為自己的錯誤找藉口，因此你會認為自己要比真實的你更完美。這會對你看待他人的角度產生漣漪效應：現在，當你的親友犯了大錯，你可能不會寄予同情。畢竟，你從來沒有犯過這樣的錯誤。**為什麼他們就不能變得更好呢？這並不難啊。**

或者假設為了自尊，你過度樂觀地看待自己，認為自己比別人眼中的自己更有魅力、更有趣、更令人印象深刻。這裡有一個可能的漣漪效應：你如何解釋這個「女性似乎沒興趣和你約會，即便你是這麼好的一個對象」的事實？好吧，或許他們都很膚淺。

　　但這一結論本身也引發了漣漪效應。你的父母、朋友或網路評論者一直試圖說服你，大多數女性並不像你想的那麼膚淺，對此你如何解釋？我猜你不能相信別人會實話實說，人們只會說他們自認為應該說的話，不是嗎？這個結論，反過來，透過你的現實地圖發送更多的漣漪。

　　這些例子只是為了說明，不一定具有代表性。很難確切知道某個特定自我欺騙行為的漣漪效應在未來會如何傷害你，或者是否會傷害你。也許在大多數情況下，危害是微不足道的。但是，危害具有延遲和不可預測的特性，這一事實應該敲響警鐘。當我們直觀地權衡成本和效益時，這正是我們往往會忽略的那種成本。**漣漪效應讓我們更有理由懷疑自己低估了自欺的代價**，也因此我們過於頻繁地選擇士兵心態，太少選擇偵察心態。

高估社會成本

　　你曾對你的醫生撒謊嗎？如果是的話，你並不孤單。在最近的兩項調查中，分別有 81% 和 61% 的患者承認對他們的醫生隱瞞了一些重要資訊，例如他們是否定期服藥，或者是否理解醫生的醫囑。[3] 患者回答最常見的原因是什麼？尷尬以及擔心被評論。該研究的主要作者表示：「大多數人希望他們的醫生對自己有很高的評價。」[4]

想想這種權衡取捨有多麼違背常理。首先，你的醫生幾乎肯定不會像你擔心的那樣嚴厲評斷你。她見過數百名患有類似令人尷尬的疾病或不良習慣的病人。更重要的是，你的醫生對你的看法並不重要，對你的生活、職業或幸福幾乎沒有任何影響。理性來看，對你的醫生完全誠實更說得通，這樣你就可以得到最好的醫療建議。

這是我們對成本和效益的直覺被扭曲的另一種方式：我們高估給別人印象的重要性。諸如看起來很怪異或讓自己出洋相的社會成本，在感覺上要比實際情況嚴重得多。事實上，其他人對你的看法並不像你直覺認為的那樣多，而他們對你的看法也不像你感覺的那樣，對你的生活造成很大影響。

結果，我們最終做出悲慘的取捨，犧牲很多潛在的幸福以避免相對較小的社會成本。如果你邀約某人出去，但他們拒絕了，這並不是世界末日，但感覺起來就是如此。被拒絕的可能性太令人焦慮，以至於我們經常想出合理的理由逃避，說服自己對戀愛不感興趣，或是現在沒有時間約會，亦或是反正不會有人想要和我約會，所以根本不值得一試。

在第 2 章談論有關歸屬感的部分，我提到了「高罌粟花綜合症」，亦即那些表現得太過野心勃勃的人會遭人挫其傲氣。這雖是真實的現象，但我們反應過度了。經濟學家朱莉・弗萊（Julie Fry）研究了紐西蘭人對野心抱負的看法。在紐西蘭，高罌粟花綜合症歷來很常見。一天，她與兩年前採訪過的一位女士取得了聯繫，續簽了發表她錄音的許可。

在最初的採訪中，這位女士聲稱她無意於野心抱負，反而更希望留在原來的工作崗位上。但現在，她愉快地領導著公司的一個團隊。她告訴弗萊，兩年前他們關於抱負的那番談話，讓她從「這不適合我，我不感興趣」，轉變為「好吧，我不需要表現出傲慢和貪婪，但也許我伸出手來挑點東西是可以的」。⑤

當我們允許自己去反思我們一直在迴避的社會成本時（或者當其他人提醒我們反思時，比如這個紐西蘭人的例子），我們通常會意識到，「嘿，這沒什麼大不了的。我可以決定在工作上多承擔一點責任，這樣就沒問題了。沒人會因此恨我的。」但是，當我們讓自己的直覺來做決定時，哪怕只是一點點潛在的社會風險，都會促使我們引發「不惜一切代價避免」的反射性反應。

我們甚至會冒著死亡的危險，就為了避免在陌生人面前出醜。許多人在飛機失事或火災這樣的災難中無謂地死去，就是因為他們環顧四周，看到其他人沒有對危險的跡象做出反應，就覺得自己很愚蠢，於是找個理由排除自己的擔憂。

在《大天氣：在美國中心追逐龍捲風》（*Big Weather: Chasing Tornadoes in the Heart of America*，中文書名暫譯）一書中，作者馬克・斯文沃德（Mark Svenvold）描述了他在美國奧克拉荷馬州（Oklahoma）埃爾里諾市（El Reno）一家汽車旅館裡的經歷，當時龍捲風正在逼近。汽車旅館的電視響起警報，螢幕下方顯示國家氣象局的警告：「立即找地方掩

護。」斯文沃德不知道自己生命的最後幾個小時,是否真會在一家廉價汽車旅館度過。

　　然而,他卻遲遲不肯行動。兩名當地男子在汽車旅館外喝著啤酒,若無其事地靠在他們的卡車上,顯然對向他們襲來的龍捲風無動於衷。是他太天真了嗎?汽車旅館的櫃檯接待員也顯得很平靜。斯文沃德問她旅館是否有地下室,可以讓他躲起來。「不,我們沒有地下室,」她回答說,口氣中帶著一絲他認為是鄙視的意味。

　　馬克後來回憶說,「當地旅館接待員的冷笑,讓我這個外來的遊客蒙羞,使我否定自己的警覺心」,而外面的那兩個人「執拗地喝著啤酒」,讓他猶豫不決,不知所措。在對自己的判斷進行了 30 分鐘的質疑後,他注意到外面的人都走了,直到那時他才終於覺得可以逃跑了。[6]

　　我們過度被眼前的報酬所惑,即使之後會因此付出高昂的代價。我們低估了錯誤信念所累積的傷害,以及實踐偵察兵習慣所帶來的累積好處。我們過度看重別人對我們的評價,及其評價對我們生活的影響。所有這些傾向的結果是,我們最終會非常願意犧牲自己看清事物的能力,來換取短期的情感和社會報酬。這並不表示偵察心態總是更好的選擇,但這確實意味著我們較偏好士兵心態,**即使當偵察心態是更好選擇的時候**。

　　發現我們的大腦天生有著這些與最佳決策相左的偏差,

可能感覺會像個壞消息。但實際上是好消息。這意味著還有
改進的空間，如果我們能學會少依賴士兵心態，多採用偵察
心態，就會有我們不知道的重大收穫在等著我們。

我們最好要比直覺告訴我們的，再少一些士兵心態，多一些偵察心態。

精確的地圖更有用

　　如果你在五萬年前出生，你或多或少會被你所屬的部落
和家庭所束縛，且也沒有太多的職業選擇。你可以打獵、採
集，或者生兒育女，這取決於你在部落中的角色。如果你不
喜歡，那就太糟糕了。

　　如今我們有了更多選擇。尤其是假如你住在一個相對發
達的國家，你可以自由選擇在哪裡生活、追求什麼事業、嫁
給誰或娶誰、是否開始或結束一段關係、是否有孩子、借多
少、投資哪裡，以及如何管理你的身心健康等等。你的選擇
是讓你的生活變得更好抑或更糟，端視你的判斷，而你的判
斷則取決於你的思維。

　　生活在現代社會也意味著我們有更多機會來解決生活中
不喜歡的事情。假如你不擅長某件事，你可以去上課、讀各

種入門書、在 YouTube 上看教學影片、請家教，或者雇個人來幫你做。如果你對你所在城市狹隘的社會習俗感到惱火，你可以在網路上找到志同道合的人，或者搬到大城市去。如果你的家人總是惡言相向，你可以遠離他們。

如果你整體上感到不快樂，你可以去看心理醫生、多做運動、改變飲食習慣，嘗試抗抑鬱藥、閱讀勵志或哲學書籍、冥想、自願幫助他人，或者搬到一個全年陽光充足的地方。

並非上述所有解決方案對每個人都同樣有效，也不是所有的解決方案都值得付出努力或代價。決定哪些解決方案值得嘗試，乃是一個需要判斷的問題。決定你的生活中哪些問題是值得嘗試解決的，而不只是學習與問題共存，這也是一個判斷的問題。

與我們祖先那個時代相比，現代這種充足的機會使得偵察心態更加受用。畢竟，假如你無法解決問題，那麼承認問題的存在又有什麼意義呢？如果你無法離開社群的話，那麼注意到你和社群之間的歧見有什麼意義呢？當你只有一條路能走時，擁有一張精確的地圖並不能給你帶來多大幫助。

所以，如果我們的本能低估了真理，這並不奇怪 —— 我們的本能是在另一個世界進化的，一個更適合士兵的世界。我們的世界正日益成為一個獎勵看清事物能力的世界，特別是從長遠來看；在這個世界裡，你的幸福幾乎不依賴於你適應任何你與生俱來的生活、技能和社會群體的能力。

漸漸地，現在已是偵察兵的世界了。

PART 2

自我意識影響判斷力

04

怎樣才算有偵察心態

探索五項偵察心態的標誌，降低大腦預設動機推論的危
害。

我的閱讀惡趣味之一，來自 Reddit 網站上一個名為「我
是混蛋嗎？」（Am I the Asshole?）的論壇。在其中，人們會
描述他們生活中最近發生的一場衝突，並讓別人來論斷誰是
對的。

在該論壇 2018 年的一篇貼文中，有人描述了以下困
境。[①]他已經和一位女孩約會一年了，想要對方能和他同居。
問題是她養了一隻貓，而他不怎麼喜歡貓。因此，他希望女
友在搬進來之前把貓送人。但是，即使他已經「非常冷靜和
理性地」（根據他的說法）向女友解釋了自己的立場，他的
女友仍不為所動。她說，她和她的貓是成套的，無法拆散。
他覺得她不講道理，於是向 Reddit 網站尋求聲援。

論壇網友非但沒有支持他，反而告訴他，雖然他或許不

喜歡貓，但寵物對主人來說非常重要，你不能因為覺得別人的貓很煩人就要求人家把貓送走。這則貼文的判決比先前的都要一致：「是的，你就是那個混蛋。」

阻止我們更常採取偵察心態的一個關鍵因素是，我們確信自己已身在其中了。在這一章中，我們將檢視一些讓我們自以為是偵察兵的事情（即使我們並不是），並附帶說明一些關於偵察心態的真實指標。

感覺客觀不等於你有偵察心態

我從這個 Reddit 用戶的貼文中找到的這句話，「非常冷靜和理性」，很有說服力。當我們問自己是否客觀時，回答這個問題最自然的方式就是自省，問自己的思考是否客觀。我們會審視自己的邏輯，而它對我們來說看似合理。我們在自己身上不會發現任何帶偏見的跡象。我們感到理智且沉著。

但事實是，你感到平靜並不意味著你是公正的，正如這位 Reddit 用戶無意中證明的那樣。此外，能夠「理性地」（正如他所說的）解釋一個立場：人們通常是指他們可以提出令人信服的論點來支持自己的立場，並不意味著這個立場是公正的。你的論點對你來說當然看似很具說服力；每個人的論

點對他們自己來說似乎都很有說服力。這就是動機推論的原理。

事實上，認為自己是理性的，可能會遭致反效果。你越是認為自己客觀，你就越相信自己的直覺和觀點是現實的準確反映，也就越不傾向於質疑它們。例如：「我是一個客觀的人，所以我對槍支管制的看法一定是正確的，不像反對我的那些不理智的人」。或是：「我沒有絲毫偏見，所以如果這個求職者在我看來更好，那他一定真的更好。」

2008 年，金融家傑佛瑞・艾普斯汀（Jeffrey Epstein）因教唆未成年少女賣淫被判有罪。幾年後，一名記者在採訪艾普斯汀的密友、物理學家勞倫斯・克勞斯（Lawrence Krauss）時提到了這個案子。克勞斯駁斥這些指控，他說：

身為一名科學家，我總是根據實徵證據（empirical evidence）來判斷事物。他身邊時常有 19 到 23 歲的女人圍繞，但我從沒有見過其他可疑事物，所以作為一名科學家，我的假設是，不管有什麼問題，我都會相信他而不是其他人。[②]

對經驗主義（empiricism）來說，這是非常可疑的呼籲。身為一名好的科學家，並不意味著萬事萬物都得眼見為憑。比起指控他朋友的女人或者證實這些指控的調查人員，克勞斯更信任他的朋友。這並不是所謂的客觀科學。當你以「我是一個客觀的思考者」為前提時，你就會讓自己的結論呈現

出一種過於無可挑剔、不容指責的樣子。

聰明和知識淵博不等於你有偵察心態

　　「真是白痴，」當有人在臉書上分享錯得離譜的觀點時，我們會如此驚呼道。「我猜人們不再關心事實和證據了，」當我們讀到一些流行的偽科學信念時，我們會如此嘆氣。也有記者針對公眾的「無知崇拜」（cult of ignorance，[3]）和「反智主義」撰寫嚴肅的文章，出版諸如《我們有多愚蠢：面對美國選民的真相》（*Just How Stupid Are We? Facing the Truth About the American Voter*，中文書名暫譯）之類的書。[4]

　　這樣的語言似乎在暗示，我們言談交流的問題在於缺乏知識和推理論證能力，這就是為什麼那麼多人對爭議性話題抱持錯誤看法。要是人們更聰明、消息更靈通些，他們就會意識到自己的錯誤了！

　　但這是真的嗎？耶魯大學法學教授丹・卡漢（Dan Kahan）調查了美國人的政治觀點及其對氣候變遷的信念。如各位所料，這兩件事是高度相關的。自由的民主黨人比保守的共和黨人更有可能同意這樣的說法：「有確鑿的證據表明，最近的全球暖化主要是由於諸如燃燒化石燃料等人類活動所造成。[*]」

　　到目前為止都還正常、不算奇怪。轉折點在於，卡漢還

用一系列不同的問題來衡量受訪者的「科學智力」：有些是
設計用來測試推理能力的謎題，例如：「如果五台機器五分
鐘就能製造五個小裝置，那麼 100 台機器需要多長時間才能
製造 100 個小裝置？」還有一些是關於基礎科學知識的測試，
如：「雷射是藉由聚焦聲波運作的，對還是錯？」以及「哪
一種氣體構成了絕大部分地球的大氣層：氫、氮、二氧化碳，
還是氧氣？」

　　如果知識和智力能保護你不受動機推論的影響，那麼我
們可以期望的是，人們越了解科學，在科學問題上就越有共
識。但卡漢的發現正好相反。在科學智力水平最低的人群中，
根本不存在兩極分化，大約 33% 的自由派和保守派都相信是
人類造成了全球暖化。但隨著科學智力的增長，自由派和保
守派的觀點則出現歧見。當你達到科學智力的最高水平時，
自由主義者相信是人類造成全球變暖的比例已上升到接近
100%，而保守主義者則是下降到 20%。[5]

　　當你詢問人們對其他充滿意識型態的科學問題的看法
時，也會出現同樣的漏斗模式。例如：政府應該資助幹細胞
研究嗎？宇宙是如何生成的？人類是從較低等的物種進化而
來的嗎？在所有這些問題上，擁有最高科學智力的人也最為
政治極化（politically polarized，譯按：政治極化是指政治態度

---

* 這種模式並不意味著自由派和保守派對於氣候變遷問題的動機推論程度
　相同，只是人們普遍對這個問題的動機推論程度相同。

> 隨著科學智力程度的提高，自由派和保守派對於全球暖化是否存在人為的「確鑿證據」意見分歧。改編自卡漢（**Kahan**）**2017** 年的研究，第 **1012** 頁圖 **8**。

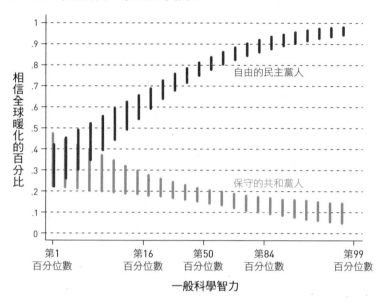

在意識型態方面的極端化）。[6]

　　從我談論兩極分化的方式來看，有些讀者可能會推斷出我認為真相總是落在中間。實則不然；那將會是錯誤的平衡。在任何一個特定的問題上，真相可能位在極左或極右，或其他任何地方。原因很簡單，當人們變得更了解情況時，他們**應該開始聚焦於真相，無論最終結果如何**。但我們反倒看到相反的模式，當人們擁有充足的訊息時，則會產生歧見。

　　這是一個至關重要的結果，因為過於聰慧和精通某個特定主題，會為我們自己的論證帶來虛假的安全感。高智商和

高等學位或許會讓你在意識型態中立的領域具有優勢，例如解決數學問題或釐清該把錢投資到哪些領域，但不會保護你免受意識型態問題的偏見。

說到這個……「是不是有些人比其他人更容易產生偏見？」這個問題本身就充滿了意識型態的指責。果然，研究偏見的研究人員也陷入了他們正在研究的現象。

幾十年來，心理學家普遍認為，保守派天生就比自由派更容易產生偏見。這被稱為「右派的僵化」（rigidity of the right）理論，主張受保守主義吸引的人都具有某些固有的人格特徵，如：思想封閉、威權主義、教條主義、害怕變化和新奇。如果你是自由主義者，這對你來說會是一個不可抗拒的理論（對於絕大多數的學術心理學家來說也是如此）。最近一項針對社會和人格心理學家的調查發現，自認為是自由主義者和保守主義者的比例幾乎是 14 比 1。[⑦]

也許這與為什麼這個領域的人如此願意接受「右派的僵化」理論有關，即使其背後的研究至少可說是可疑的。讓我們來看看以下這些通常用來判斷一個人是否具有「僵化」性格的問題[⑧]：

你是否同意「同性戀者和女性主義者應該被表揚，因為他們勇於挑戰『傳統的家庭價值觀』」？如果不同意，那麼你就是死板僵化的。

你贊成死刑嗎？若是的話，那你就太死板了。

在充滿意識型態的科學問題上（如幹細胞研究、宇宙大爆炸和人類進化），知識淵博的人政治極化程度更高。改編自德拉蒙德（**Drummond**）和費施霍夫（**Fischhoff**）2017 年的研究，第 **4** 頁圖 **1**。

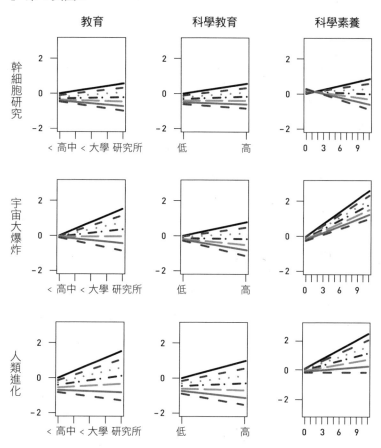

你贊成社會主義嗎？墮胎合法化？如果不贊成，那麼是的，你猜對了，你是僵化死板的。

理想的情況是，透過這項研究，你能比專業心理學家更快意識到這個問題。這些問題原是用來衡量僵化程度的，但實際上是衡量你是否持有保守的信念。這意味著「保守主義者比自由主義者有更僵化的個性」的理論根本不是來自經驗觀察的發現，它不過是重複的贅詞罷了。

智慧和知識只是工具。若受動機驅使，你可以用這些工具來幫助你看清楚這個世界，或者也可以用它們來捍衛某個特定的觀點。但這些工具本身並不能讓你成為一名偵察兵。

偵察心態的練習

有天晚上，我在某個聚會上談到，在推特上互動出能讓人們改變自身想法、深具成效的爭論是多麼困難。一群人中有個人插話說：「我一點也不覺得難。」

「哇，你的祕訣是什麼？」」我問。

他聳了聳肩說：「沒什麼祕訣。只要提出事實就好。」

我困惑地皺起眉頭。「那真的有效嗎？你提出事實，人們就會改變主意？」

「是的，每次見效。」他說。

第二天，我仔細查看他的推特動態，想知道我錯過了什麼。我瀏覽了好幾個月的推文，但找不到一則與他在派對上給我的描述相符的貼文。每當有人不同意他在推特上說的話時，他若不是選擇無視或嘲笑他們，就是乾脆告訴對方是他們錯了，私自認定討論就此結束。

人們很容易會這麼想：「我當然會因為證據而改變主意」，或者「我當然會自始至終堅守我的原則」，或者「我當然是公正、一視同仁的」，不管這些事情是不是真的。偵察心態的測試無關乎你是否自認為是做這些事情的那種人，而是你能否舉出具體例子來證明你確實做了這些事。

自認為理智、聰明、有見識，意識到自己有動機推論傾向：所有這些「似乎」都應該是偵察心態的指標，但令人驚訝的是，它們與之沒有太大關係。作為偵察兵的唯一標誌就是，你是否表現得像個偵察兵。在本章後續，我們將探索偵察心態的五大標誌；人們關心真相時的一些行為線索，即便不受任何強迫，即使真相對他們不利，他們也會去尋找真相。

標誌1：當你意識到對方才是對的，你會告訴他嗎？

在美國內戰中，維克斯堡（Vicksburg）是最重要的城市。它位於密西西比河的戰略要地，亦即誰控制了它就能掌控軍隊和全國物資的輸送。正如美利堅聯盟國總統傑佛遜·戴維斯（Jefferson Davis，譯按：美國南北戰爭時分裂出來、位於南

方的政權美利堅聯盟國，傑佛遜‧戴維斯是該國首任且是唯一
的總統）所說：「維克斯堡是把南方兩部分連在一起的釘
頭。」⑨

北方的聯邦軍首領格蘭特將軍（General Ulysses S. Grant）
幾個月以來一直試圖攻占維克斯堡未果。最後，在 1863 年五
月，他決定進行一項大膽的計畫，從一個意想不到的方向接
近該城，同時運用策略來隱藏軍隊的進展，不受南方美利堅
聯盟國的攻擊。林肯總統很擔心，因為他覺得這個計畫太冒
險了。但是兩個月後，在獨立日那天，格蘭特的軍隊在維克
斯堡的中心取得了勝利。

林肯從未見過格蘭特本人，但在聽到勝利的消息後，他
決定寫封信給對方。「我親愛的將軍，」在表達了他的感激
之後，林肯繼續寫道：

我想再多說一些我的想法……我原以為你應該要順著河
流而下，加入班克斯將軍（General Banks）的行列；而當你朝
向北方，轉往大黑河以東的時候，我覺得那是個錯誤。現在
我想親自承認，你是對的，我錯了。⑩

林肯的一位同僚後來讀過這封信後評論說，這封信「完
全符合林肯的性格」。林肯總統從不吝於向別人坦承他們的
判斷比較優越。⑪

事實上，偵察心態只要求你能夠承認自己錯了，而不需

要向他人坦承。儘管如此，願意對別人說「我錯了」，是一個人把真理看得高過於自我的強烈標誌。你能想到你做過同樣的事情嗎？

標誌2：你如何回應個人批評？

也許你的老闆或朋友堅稱：「我很重視誠實！我希望人們都能對我坦誠。」然而一旦有人誠實以對時，他們的反應卻很糟糕。他們會覺得被冒犯了，或者為自己辯護，或者猛烈抨擊給予回饋的人作為報復。抑或者，他們會禮貌感謝對方的誠實，然後從此之後將之打入冷宮。

「嘴上說」歡迎批評要比「實際」歡迎批評容易得多。但在許多方面，獲得誠實的反饋對於改善至關重要。你的公開演說技巧能否改進？你的客戶有否投訴？身為老闆、員工、朋友或戀人，你有沒有做過令別人感到灰心氣餒的事情？

要評估你對批評的舒適度，單單問自己「我願意接受批評嗎？」是不夠的。相反地，你應該檢查自己的歷史紀錄。你有沒有針對一些批評採取行動？你是否酬謝過一位批評你的人（例如，給他升遷）？你是否努力讓別人更容易批評指教？

我有個朋友叫史賓塞，他經營一間孵化器新創事業，管理好幾個團隊的員工。他每年兩次邀請所有員工填寫一份調查表，針對他身為經理的表現做評比。這項調查是匿名的，

讓人們更容易坦誠。他還學會了用多種方式表達自己的反饋要求，從而更有效地從人們口中引出批評。例如，除了問「作為經理，我的缺點是什麼？」他還會問：「如果你非要挑一件事讓我改進，那會是什麼事？」

　　我在偵察心態這方面的表現得分並不高，你可能還記得我的故事，我曾向學生詢問引導性問題，以獲得「誠實的反饋」。我討厭受到個人批評，因此不得不強迫自己這麼做。在這一點上，我和史賓塞有時有著非常明顯的區別。例如有一天他熱情地向我提議：「嗨，茱莉亞，我剛剛聽說了一個很酷的閃電約會活動，」他說。「你和十個不同的人進行五分鐘的『約會』，然後每個人都會告訴你他們對你的印象，以及你應該如何改進！想和我一起加入嗎？」

　　「史賓塞，」我真誠地回答，「我寧願用奶油刀鋸掉自己的腿。」

標誌3：你曾經證明自己錯了嗎？

　　某個週一早晨，一位名叫貝瑟妮・布魯克希爾（Bethany Brookshire）的記者坐在她的辦公桌前，打開了電子郵件。她收到兩封來自她先前透過電子郵件請求採訪的科學家的回覆。其中一封是一位女科學家寫的，開頭是：「親愛的布魯克希爾博士……」另一封則是男科學家寫的，開頭是：「親愛的布魯克希爾女士……」

　　布魯克希爾認為，**這實在是太典型了**。她打開推特，輸入以下內容，然後點擊發布：

　　週一早上觀察：

　　我的電子郵件簽名檔有「PhD」（博士）字樣。我只在電子郵件上署名，而沒有掛上「博士」頭銜。我發給很多博士電子郵件。

　　他們的回覆是：

　　男人：「親愛的貝瑟妮。」「你好，布魯克希爾女士。」

　　女人：「你好，布魯克希爾博士。」

　　雖然並非百分之百都是如此，但確實是一個非常明確的劃分。[12]

　　她的推文被按讚超過 2,300 次。「不意外，」一位女士評論道。「當然存在偏見！」另一位寫道。「這也是我的經驗。」另一個人說。

　　然而，隨著支持的回答越來越多，布魯克希爾開始不安起來。關於男性和女性科學家通常會如何回覆她的電子郵件，她的說法只是根據記憶中粗略的印象。但實際數據就存在於她的收件匣裡。「難道我不應該檢驗一下我的說法嗎？」她心裡想。

　　於是她翻了翻以前的電子郵件，核對了一下數字，發現自己錯了。在男性科學家中，有 8% 的人稱她為「博士」；在

女性科學家中，則有 6% 的人稱她為「博士」。數據非常稀少，不足以得出可信的結論，但也肯定不能支持她最初的觀察。一週後，她繼續她最初的推文[13]，分享了她的調查結果：「新推文：我收集了這方面的數據。事實證明……我錯了。」

　　需澄清的是，雖然布魯克希爾在這件事上是錯的，但這並不意味著科學領域不存在性別偏見。這只是說明在此特定例子中，她對偏見的印象是錯誤的。「我們都會認同某件事，就只因為它聽起來像是我們的現實，」布魯克希爾在之後的部落格貼文中寫道。「在很多案例中，這很有可能是事實。但我對我電子郵件的看法確實是錯的。」[14]

　　你能想到任何你主動證明自己錯了的例子嗎？也許你想在網路上發表意見，但決定先搜尋反對意見，最後發現它們很有說服力。或者在工作中，你主張施行一種新的策略，但在仔細計算數字後，你改變了主意，意識到這是不可行的。

標誌4：你是否採取預防措施避免自欺？

　　在 20 世紀物理學中一個備受爭議的問題是，我們的宇宙到底是加速膨脹還是減速膨脹。這一點之所以重要，部分是因為它告訴我們，遙遠的未來將會是什麼樣子：如果加速膨脹，那麼所有存在的物質彼此之間將會永遠越來越遠。如果減速膨脹，那麼所有的東西最終都會崩坍成一個點，就像大爆炸的相反。（它實際上被稱為「大擠壓」〔big crunch〕。）

1990 年代，物理學家索爾‧普密特（Saul Perlmutter）負責超新星宇宙學計畫，由一個研究團隊藉由測量超新星或爆炸恆星發出的光，來研究宇宙不斷變化的膨脹速度。普密特個人認為，答案會是「膨脹正在加速」。但他擔心可能會出現動機推論。他知道，即使是最善意的科學家也會欺騙自己，最終在數據中找到他們希望或期望找到的東西。

因此，普密特採取了一種名為「盲數據分析」（blind data analysis）的方法。他運用電腦程式，將所有的超新星數據隨機移動，使得研究人員進行分析時無法看到。由於研究人員看不到原始數據，他們不能有意識或無意識地調整分析以得到想要的答案。只有當所有的分析都完成後，研究團隊才能看到用真實數據得出的結果是什麼樣子的。確實，「加速」理論獲得了證實。

普密特隨後因這一發現在 2011 年獲得了諾貝爾獎。他告訴一位記者，「從某種意義上來說，盲數據分析需要做更多工作，但我認為它會讓你在進行分析時感到更安全。」[15]

你或許並非每天都在測試一個深具諾貝爾獎價值、關於現實本質的理論，但同樣的原理也適用於更普通的情況。你會盡量避免讓你獲得的資訊帶有偏見嗎？例如，當你請朋友針對你和夥伴的一場爭論評理時，為了避免影響你朋友的回答，你是否在描述爭執時不透露自己站在哪一邊？當你在工作中啟動一項新專案時，你是否已預先決定什麼才算是成

功，怎樣才算作失敗？

　　凱倫‧利維（Karen Levy）住在肯亞首都內羅比（Nairobi），她在那裡協助經營一個名為「證據行動」（Evidence Action）的非營利組織，該組織會測試許多慈善行動，進而資助擴大那些有效的行動。她知道，人們很容易會對一個投入許多精力和希望的計畫產生依戀，且很容易為令人失望的結果找藉口（「嗯，那個測試並不算數，因為它還在初步階段，我們應該再給這個計畫一年的時間……」）。

　　為了防止這種誘惑，「證據行動」有時會使用凱倫所說的「政策前的計畫」（pre-policy plan），在他們的研究結果出爐之前，他們會與利益相關者見面，並決定他們將根據不同的結果採取何種行動。凱倫解釋說：「因為這是一個抽象的假設結果，所以我們更容易說：『是的，你不會想把錢浪費在不奏效的東西上。』之後當結果出來的時候，決定也已經定了。」

標誌5：你有好的批評家嗎？

　　當查爾斯‧達爾文（Charles Darwin）在 1859 年出版《物種起源》（*On the Origin of Species*）時，他知道這將是一個具爭議性的重磅炸彈。這本書闡述了自然選擇的進化論，該理論不僅讓人們難以理解，而且近乎褻瀆，因為它顛覆了天賜人類統治動物王國的傳統印象。他對一位科學家同事說，為

進化論辯護，「就像坦承謀殺一樣」。[16]

　　這本書確實引發猛烈的批評，儘管達爾文早就預期會有這樣的結果，但他還是覺得很難堪。批評他的人曲解他的論點，要求不切實際的舉證，提出的反對意見也站不住腳。達爾文在公開場合保持禮貌，但在私人信件中發洩他的不滿。「歐文實在非常惡毒。他非常不公平地歪曲和更動了我說的話。」他對一篇評論大為光火。[17]

　　當然，持有邊緣理論的特立獨行者感到被主流忽視是很正常的。使達爾文與眾不同的是，除了那些糟糕的批評者之外，他還發現了一些好的評論家，他能看出這些人不怕麻煩，真正理解他的理論，並對其提出了明智的反對意見。其中一位優秀的評論家是名為法蘭西斯・朱爾・皮克泰・德拉里夫（François Jules Pictet de la Rive）的科學家，他在一本名為《雅典娜》（*The Athenaeum*）的文學雜誌上發表了一篇對《物種起源》的負面評論。皮克泰・德拉里夫的評論讓達爾文留下深刻的印象，達爾文因此寫了一封信，感謝皮克泰・德拉里夫如此準確地總結書中的論點，並宣稱他的批評完全公正。「我完全同意你說的每一個字，」達爾文告訴皮克泰・德拉里夫。「我完全承認，我無法解釋所有巨大的難題。我們之間唯一的區別是，我比你更重視對事實的解釋，而不像你那麼重視難題。」[18]

　　你可能會想到那些對你根深蒂固的信仰和生活選擇持批評態度的人。在槍支管制、死刑或墮胎等政治問題上持相反

觀點的人。在諸如氣候變遷、營養或疫苗接種等科學問題上與你意見相左的人。那些譴責你所在行業的人,比如科技或軍事行業。

批評你的人很可能是心胸狹窄、消息不靈通或不講道理的人。**但不可能所有人都是這樣。**有沒有一些對你的信仰、職業或生活選擇持批判態度的人,即使你認為他們是錯的,你還是覺得他們思慮周密?或者你至少能說出一些你認為合理的理由,來解釋為什麼有人不同意你的觀點(即使你不知道有哪些人持這種觀點)?

能夠說出合理的批評,願意說「對方這次也有道理」,願意承認自己錯了,正是這樣的事情區分了真正在乎真相的人和自以為在乎真相的人。

但是偵察心態模式最大的標誌可能如下:你能指出自己何時處於士兵心態模式?如果這聽起來反了,請記住,動機推論是我們的自然預設狀態。這很普遍、在我們的大腦中根深蒂固。所以,假如你從未注意到自己處於士兵心態模式,那麼以下哪種情況較有可能呢?是你碰巧和其他人不一樣,抑或你只是缺乏該有的自覺?

此時此刻,學會發現自己的偏見並非易事。但如果你有合適的工具,這也並非毫不可能。這就是接下來兩章所要談的內容。

05

覺察偏見的存在

嘗試做五種思考實驗，你將意識到自以為的客觀是假的。

　　若要理解動機推論是多麼暗中為害的一件事，了解一點魔術會有幫助。

　　魔術師的必備工具之一，是一種稱為「強迫」（forcing）的操縱方式。最簡單的強迫方式就像這樣：魔術師將兩張紙牌面朝下，放在你面前。為了讓他的戲法成功，他需要你最後持有的是左邊的牌。他會說：「現在，我們要從這些牌卡中取出一張，請選一張。」

　　如果你指著左邊的牌卡，他會說：「好的，那是你的。」如果你選到右邊的牌卡，他會說：「好的，我們把那張移走。」不管怎樣，你最終都將持有左邊的紙牌，而且會以為這是你自己的自由選擇。如果你能同時看到這兩種可能的情境，戲法就顯而易見了。但因為你最終只會進入其中一個世界，所以你永遠不會意識到。

「好的，那張是你的。」　　　　「好的，我們拿走那張。」

「強迫」是你的大腦為了擺脫動機推論所做的事情，同時仍然讓你感覺自己是客觀的。假設有位民主黨政客被發現對妻子不忠。莫拉（Maura）是一位忠誠的民主黨人，她並不認為這是不投票給該政客的理由，她解釋道：「他在私人生活中做什麼是他自己的事。」然而，如果這位通姦的政客是共和黨人，她可能會想，「通姦是人品不好的表現，這表明了他不適合執政。」

如果莫拉能看到她在那個反事實世界裡的反應，並將其與她在現實世界中的反應進行比較，則她的動機所帶來的影響將是顯而易見的。但由於她只看到其中一個世界，因此她從未意識到自己不夠冷靜。

你的大腦最容易在你從未考慮過的話題上使用「強迫」技巧，因為你沒有預先存在的原則來阻礙你選擇最方便的答案。關於如何嚴厲判決通姦，你可能已經有了自己的看法，那麼再看看這個例子：如果有人告你，而你打贏了官司，這個人應該支付你的訴訟費用嗎？如果你和大多數人一樣（有項研究顯示 85%[1]），你的答案會是肯定的。畢竟，如果你

「通姦是人品不好的表現。」　　「他的私人生活是他自己的事。」

被誣告，你為什麼要支付數千美元的律師費呢？這並不公平。

　　然而，當這項研究中的問題被稍稍改寫：「如果你起訴某人並輸掉了官司，你應該支付對方的費用嗎？」只有44%的人給予肯定的回答。想像你自己是那個起訴卻又敗訴的人，你會想到其他的論點。例如，你輸了可能只是因為對方有錢，能請得起更好的律師。只因為受害者輸不起官司就不鼓勵他們起訴，這是不公平的，對吧？

　　支持和反對「敗訴方支付」（loser pays）政策的論點至少都有一定的道理。但你會想到哪一個論點，取決於你是原告還是被告，如果你站在案件的另一方，你可能永遠不會想到相反的論點。

思考實驗是對反事實世界的一種窺視

　　光是仔細審查你的推論、並認定它有其道理，並不足以

發現你自己的動機推論。你必須將你的論證方式與你在一個
反事實的世界裡「可能會有」的論證方式進行比較，在這個
世界裡，你的動機是不同的。如果有個政客與你不同政黨，
你會以不同的方式判斷他的行為嗎？如果是你的朋友而不是
你的配偶提出的建議，你會以不同的方式評價它嗎？如果某
研究的結論支持你的觀點，你會認為該研究的方法論合理
嗎？

　　當然，你不能確定假如在不同情況下你會做何種推論。
你不可能直接進入一個反事實的世界。但你也可以退而求其
次做以下事情：藉由思考實驗，虛擬地窺視反事實世界。在
接下來的幾頁中，我們將探索五種不同類型的思考實驗：雙
重標準測試（double standard test）、局外人測試（outsider test）、
從眾性測試（conformity test）、選擇性懷疑測試（selective skeptic
test），以及現狀偏差測試（status quo bias test）。但在我們開始
之前，進行思考實驗時要記住一個重要的提示：**試著真正去
想像與事實相反的情景**。若要知道這件事的重要性，不妨想
像一個六歲的孩子，他剛剛取笑了另一個孩子。他的母親責
備他，試圖藉由這個古老的思考實驗來告訴他，為什麼他的
行為是錯誤的：「想像你是比利，有人在你朋友面前取笑你。
你會有什麼感覺？」

　　她的兒子立刻回答說：「我不介意！」

　　很顯然地，這個孩子並沒有真正想像自己置身於比利的
處境，對吧？他只是說出他知道會是正確的答案，而這個答

案意味著他沒有做錯任何事。**思考實驗只有在你真正做的時候才有效。**所以不要簡單地為自己提出一個口頭問題。想像一個反事實的世界，將自己置身其中，觀察自己的反應。

你可能會對結果的不同感到驚訝。幾年前，我認識一位法律系的學生，姑且叫她凱莎（Keisha），她在法學院念得很不開心，對於成為一名律師也不感興趣，但她總是打消退學的念頭。她的一個朋友問她：「你留在法學院只是為了不想讓你的父母失望嗎？如果你知道他們不在乎，你會改變決定嗎？」

「不，我才不是因為他們而留在法學院。那太荒唐了。」凱莎堅定地說。

她的朋友再推她一把，這次讓問題更加生動鮮明：「好，想像明天你的父母打來跟你說：『凱莎，你知道嗎，我們一直在討論這件事，我們擔心你在法學院不開心。我們只是想讓你知道，我們不在乎你是否退學，我們只是想讓你做你喜歡做的事。』」

接著凱莎意識到：如果是這樣，我會馬上從法學院退學。

雙重標準測試

年輕時，「丹」就讀於一所男女比例非常不平衡的軍事高中。他班上大約有 30 位女生和 250 位男生。由於女孩們

有太多選擇，所以她們傾向於選擇那些特別有吸引力、運動健將，或者有魅力的男人。[②]丹並不在其中之列。他在社交方面很笨拙、尷尬，絲毫未能吸引女孩們的注意。在被她們的冷漠刺痛之下，他得出結論，所有女孩都是「高傲的壞女人」。

但有一天，他做了一個思考實驗，就此改變了看法。他問自己：「如果情況顛倒過來，你能誠實地說，你不會做同樣的事情嗎？」答案很清楚。「是啊，如果是這樣的話，我肯定會搶著和所有的美女約會，」他意識到。這種觀點的轉變並沒有立即為他帶來約會，但確實讓他對學校的現況感到更加自在，而當他稍大一點時，這也讓他更容易與女性建立良好關係。

丹所做的是「雙重標準測試」的其中一個版本：「我是否用一個我不會套用在自己身上的標準來評斷別人的行為？」雙重標準測試既適用於群體，也適用於個人。事實上，你可能早已看過這種測試最常見的形式，向敵對政黨陣營拋出怒吼：「哦，得了吧，別再為你的候選人辯護了！如果我們黨內有人做了同樣的事，你會作何反應？」

很少有人會問自己這個問題，但偶爾會發生。在 2009 年一個線上討論中，關於民主黨打算廢除冗長辯論、阻撓議事的拖延戰術，我很驚訝看到了雙重標準測試。一位民主黨人發表了反對意見：「我只是在想像，如果我聽到〔共和黨總統喬治・布希〕在戰爭預算或類似性質的問題上使用了類似

的策略，我會作何反應。我一點也不喜歡。」他說。[③]

　　到目前為止，這些例子都涉及用不公平的批評標準來論斷其他人或群體。但這個測試也揭示了相反的雙重標準，亦即你對自己的論斷，要比你在完全相同的情況下對別人的論斷更為嚴厲。如果你因為在課堂上或會議上問了一個愚蠢的問題而自責不已，想像一下其他人也問了同樣的「愚蠢」問題。你的反應會是什麼？會有多大的影響？

局外人測試

　　英特爾（Intel）聯合創始人安迪・葛洛夫（Andy Grove）表示，對於科技公司英特爾來說，1985 年上半年是一個「嚴峻而令人沮喪」的時期。英特爾專精於記憶體晶片的業務一直都在蓬勃發展。但到了 1984 年，他們的日本競爭對手已經找到了製造比英特爾更快更好的記憶體晶片的方法。

　　當英特爾的領導階層眼見日本的市場占有率飆升、而自己的卻暴跌時，他們不停地討論該怎麼做。他們在記憶體晶片的市場就要被摧毀了，他們是否應該嘗試進入另一個市場？但記憶體是英特爾的身分標記，一想到不再是一家「記憶體公司」實在令人感到震驚，幾乎就像是對宗教教條的褻瀆。

　　在葛洛夫的回憶錄《10 倍速時代》（*Only the Paranoid*

Survive）中，他描述了自己與英特爾另一位聯合創始人戈登·摩爾（Gordon Moore）的對話，那場對話最終拯救了這家公司：

　　我們的情緒很低落。我望著窗外遠處大美洲主題公園旋轉的摩天輪，然後我回過頭來問戈登：「如果我們被開除，董事會會換一個新的執行長，你覺得他會怎麼做？」

　　戈登毫不猶豫地回答：「他會讓我們走出回憶。」我呆呆地盯著他，然後說：「你和我為什麼不走出這扇門，再回來自己動手呢？」④

　　從外部的角度來看，一旦他們認知到，放棄曾經著名的記憶體業務是一個顯而易見的選擇，他們的決定幾乎就是正確的。這就是英特爾如何從 1980 年代中期的低迷中重新煥發活力的原因，它將重心從記憶體晶片轉移到今日最知名的產品：微處理器。

　　葛洛夫和摩爾所做的思考實驗被稱為「局外人測試」：**想像別人站在你的位置上，你期望他們會怎麼做？**當你在做一個艱難的決定時，該怎麼做的問題可能會和其他充滿情緒化的問題糾葛在一起，例如：「我遇到這種情況是我的錯嗎？」或是「如果我改變主意，人們會對我嚴加批判嗎？」局外人測試旨在消除這些影響，讓你只對處理當前這種情況的最佳方式做出誠實的猜測。

在另一種變形的局外人測試中，**你也可以想像自己是局外人**。假設你研究所離畢業還有兩年時間，但你對自己選擇的領域感到越來越不滿意。你曾考慮過退學的可能性，但一想到自己可能已經在這條職涯上浪費了多年時間，你就覺得很痛苦，你總會找到一個理由繼續苦撐⋯⋯

試著想像一下，你已經神奇地把自己傳送到這個叫〔你的名字〕的人的生活中。你不再依戀他（她）過去的決定，也不想讓自己與他（她）看起來一致或證明他（她）是對的。你只是想充分發揮你突然發現自己置身的情境。這就好像你脖子上掛著一個牌子：「在新的管理之下。」（Under New Management）⑤現在，你對哪一個選擇更感興趣：再花兩年把研究所念完、拿到〔你的名字〕的學位，還是退學去做其他事情？*

從眾性測試

當我還是個孩子的時候，我很崇拜我的堂姐肖莎娜（Shoshana），她比我大兩歲，因此在我的眼裡，她見多識廣、很有品味。有一年夏天，在一次家庭露營旅行中，她介

---

* 關於這個思考實驗，有個更常見的版本是：「你會對遇到這種情況的朋友說什麼？」這可能很有用，但也有潛在的偏見，因為你可能對朋友太寬容了。

紹我聽一個很熱門的新樂隊，名叫「街頭頑童」（New Kids On The Block）。我們坐在她的帳篷裡，用她的卡式錄音機聽他們最新的專輯時，肖莎娜說：「哦，下一首歌是我最喜歡的！」

歌曲結束後，她轉向我，問我的想法。我熱情地回答：「是啊，太好聽了！我想這也是我最喜歡的歌。」

「嗯，你猜怎麼著？」她回答說。「那不是我最喜歡的歌，而是我最不喜歡的歌。我只是想看看你會不會模仿我。」

我當時很尷尬。但現在回想起來，這是一次具啟發性的經歷。當我說那首歌是我最喜歡的歌時，我是認真的——這首歌聽起來確實比其他的歌好。我不覺得我這麼說只是為了討好肖莎娜。接著，在肖莎娜揭了她的底牌之後，我可以感覺到我的看法在瞬間發生了轉變。這首歌突然變得毫無新意、陳腔濫調、無聊。就好像有人打開了一盞刺眼的燈，這首歌的瑕疵因此一覽無遺。*）

現在，當我想測試「我的」觀點中有多少是屬於我自己的時候，我就用肖莎娜的技巧來做思考實驗。如果我發現自己同意別人的觀點，我會做一個從眾性測試：想像這個人告訴我，他不再持有這個觀點。我還會相信它嗎？我能為之辯

---

* 有可能我的堂姊肖莎娜在某一時刻曾與歐巴馬（Barack Obama）有過接觸，因為歐巴馬當總統時，曾對他的顧問使用過類似的伎倆。這基本上是一個「遵命先生」（yes man）測試：如果有人對他的觀點表示贊同，奧巴馬就會假裝自己改變了主意，不再堅持那個觀點。然後他會要求他們向他解釋，為什麼他們相信這個觀點是真的。歐巴馬說：「每位領導者都有其優點和缺點，我的優點之一就是善於發現誰在胡說八道。」⑥

護嗎？

　　例如，假設你在開一個策略會議，你的同事正在提出招聘更多員工的理由。你發現自己點頭表示同意。你想：「沒錯，這最終會為我們省錢。」這感覺就像是你自己的觀點，但為了驗證，你可以做一個從眾性測試。想像你的同事突然說：「對了，各位，我只是在故意唱反調。我並不認為我們現在應該招聘。」

　　聽到這些，你還覺得你贊成聘僱新人嗎？

　　從眾性測試可用來探詢你的偏好和信念。我認識的一位年輕女士，她快 30 歲了，正考慮將來是否想要孩子。她一直認為自己最終會成為一位母親，但她真的想要那樣嗎？抑或這只是跟隨主流意見？她做了一個從眾測試：「假設生孩子並不是大多數人的選擇，相反地，只有30%的人想要這樣做。我會想要生嗎？」她意識到，在那個想像世界裡，生孩子對她的吸引力似乎要小得多。這個結果讓她意識到，她天生對於為人父母的興趣，並不如她想像的那樣濃厚。

選擇性懷疑測試

　　在我為這本書做研究的過程中，我看到了一篇論文，聲稱士兵心態能使人獲致成功的人生。「哦，得了吧，」我嗤之以鼻道，並檢查它的方法論是否有缺陷。果然，這是一項

做得很差的研究。

然後，有點不情願地，我做了一項思考實驗：**如果這項研究聲稱士兵心態會導致失敗的人生呢？**

在那種情況下，我意識到，我的反應會是：「和我懷疑的完全一樣。我得在我的書裡找個地方放這項研究！」我在真實世界和假想世界中的反應形成了鮮明對比，這敲響了我的警鐘，提醒我不要輕信那些剛好支持我的證據。這促使我重新審視那些我原本打算引用的、對我有利的研究，仔細檢查它們的方法論，找出其中的缺陷，就像我對那篇歌頌士兵心態的論文所做的那樣。（不幸的是，這麼做之後，最終取消了大多數研究被我引用的資格。）

我把這種思考實驗稱為選擇性懷疑測試：想像這個證據支持另一方。你現在會覺得該證據有多可信？

假設有人批評你公司的一項決定，你的下意識反應是：「他們不知道自己在說什麼，因為他們不知道所有相關的細節。」選擇性懷疑測試：假設那個人讚揚了你們公司的決定。你還會認為，只有內部人士才有足夠的訊息持有效觀點嗎？

假設你是一名女性主義者，你讀了一篇抱怨女性主義者如何憎恨男人的文章。該文作者提供了一些你從未聽說過的人的推文作為佐證，例如「所有男人都該死於火中！！#girlpower #女性主義」。你對自己說：「饒了我吧。當然，只要你仔細尋找的話，在任何群體中你都能找到一些人是白痴或極端分子的例子。像這樣只挑選出最適合的例子，證明不

了女性主義。」選擇性懷疑測試：想像這篇文章是關於一群你不喜歡的人，比如保守派。[*]你會作何反應？你會拒絕基於同樣邏輯的證據，亦即精選幾個說明一個群體中的人是混蛋的例子，並不能證明這個群體嗎？

現狀偏差測試

我有一位朋友大衛，他和大學同學住在他的家鄉。他有一個夢寐以求的工作機會在矽谷，但他很糾結，不曉得是否要接受。畢竟，他和他的大學同學處得很好，他們大多數都住在附近。為了一份更好的工作而放棄這一切，真的值得嗎？

於是他做了一個思考實驗：「假設我已經住在舊金山，有一份令人興奮且高薪的工作。我會不會想要辭職，搬回家住，離我的大學朋友們近一點？」

「不，我不會。」他意識到。

大衛的思考實驗顯示出，他自己對於選擇的態度，很可能受到「現狀偏差」（status quo bias）的影響，這是一種捍衛任何碰巧是你現狀的動機。用以解釋**我們何以會偏向於維**

---

[*] 顯然地，你可以自由將「女性主義者」和「保守主義者」替換為其他兩個更能為你說明例子的團體。

持現狀的一個主要理論是，我們厭惡失去：我們從失去中感受到的痛苦，遠超過我們從同樣大小的獲得中所感受到的快樂。這會讓我們不願意改變當下處境，因為即使改變會讓我們變得更好，我們也會只聚焦在即將失去而非獲得的東西。

我把大衛的思考實驗稱為現狀偏差測試：想像你現在的處境不再是現狀，如此你還會主動選擇它嗎？如果不會的話，那就表明你對目前處境的偏好並不在於它的特殊優點，而更多是對現狀的偏好。*

現狀偏差測試既適用於個人生活選擇，也適用於政策選擇。2016 年，當英國公民投票決定要離開還是留在歐盟時，有名英國部落客對於投給哪一方感到難以抉擇。最終讓她做出決定的，是提出現狀偏誤測試問題：「如果我們還不是歐盟的一部分，我會認為投票加入歐盟是個好主意嗎？」她問自己。對她來說，答案是否定的。†

每當你拒絕一些社會變革的提議時，就是一個檢驗你自己現狀偏差的機會。以延長壽命的研究為例。如果科學家能想出如何使人類的壽命增加一倍，從 85 歲左右延長到 170 歲，

---

* 精明敏銳的讀者應該已經注意到，現狀偏差測試並不是一個完全公正的思考實驗，藉由翻轉現狀，你會為你的決定增加交易成本。但由於這是一個思考實驗，你可以假裝交易成本為不可思議的零。

† 註：你可能會主張：(1) 從一開始就選擇不邀請歐洲人加入英國社會和經濟，以及 (2) 選擇在邀請已經發出且經延長後、再行取消，這兩者間是有區別的。事實上，在現狀偏誤測試中，這是另一個潛在的不對稱性。不過，如果這是你的主要反對意見，知道這一點還是很有用的。

這是不是件好事？和我討論過這個問題的許多人都不這麼認為。他們主張：「如果人類活那麼久，社會變革的步伐就會過於緩慢。我們需要老一代人的死亡，如此才有利於擁有新思想的新一代人出現。」

為了進行現狀偏差測試，我們想像人類的自然壽命是170歲。現在假設一個基因突變，導致人類的壽命縮短到85歲。你會高興嗎？如果不會，那麼也許你真的不認為，更短的壽命值得更快的社會變革。⑦

思考實驗並非神諭。這些實驗無法告訴你什麼是真的，什麼是公平的，或者你應該做什麼決定。假如你注意到自己在身為民主黨人時，會比身為共和黨人時更寬容婚外情，這表示你有雙重標準，但這並沒有告訴你，你的標準「應該」是什麼。如果你注意到自己對於脫離現狀感到緊張，這並不意味著你這次不能決定要謹慎行事、不冒險。

思考實驗所做的，僅僅是揭示你的推論會隨著你動機的改變而改變。無論是你傾向於引用的原則，或是你腦海中閃現的反對意見，都取決於你的動機，亦即：維護你的形象或你在群體內的地位的動機；提倡利己主義政策的動機；以及害怕改變或被拒絕。

在進行動機推理的過程中留意你的大腦，會打破你認為你的最初判斷是客觀事實的錯覺，無論是注意到一個先前在實驗中沒發現到的缺陷，或者注意到你的首選偏好會隨著你切換情境中理應不相關的細節而改變。這會使你發自內心相

▎常見的思考實驗

雙重標準測試	你用來論斷某人（或某群體）的標準，是否和論斷其他人（或群體）的標準不同？
局外人測試	假如你身處的不是你現在的情況，對此你會做什麼評價？
從眾性測試	如果其他人已不再持有這個觀點，你還會同意這個觀點嗎？
選擇性懷疑測試	如果這個證據支持另一方，你現在會覺得該證據有多可信？
現狀偏差測試	如果你現在的處境不再是現狀，如此你還會主動選擇它嗎？

信，你的推論會視情況而改變；你最初的判斷是探索的起點，而非終點。

在「偵察兵」的比喻中，這就像用望遠鏡看著遠處的河流，說：「嗯，這條河看起來好像結冰了。但讓我去找另一個有利位置：不同的角度，不同的光線，不同的鏡頭，看看情況是否有所不同。」

06

自問你有多確定？

學會量化不確定性、做好校準，練習假設性賭注的技能。

在 2016 年電影《星際爭霸戰：浩瀚無垠》（*Star Trek Beyond*）的一個場景中，一艘太空船歪斜著橫衝直撞劃過天空。[1] 它由寇克艦長駕駛，緊跟在三艘直奔城市中心的敵艦後面，他們打算在那裡引爆超級武器。寇克的得力助手史巴克指揮官對他喊道：「艦長，攔截這所有三艘船是不可能的！」

不可能的事。這句話聽起來如此權威，如此不可動搖。然而，在不到 60 秒的時間裡，寇克已經想出如何在敵艦面前操弄，在他們到達目的地之前用自己的船體阻止他們。

如果你以前看過很多《星際爭霸戰》，上述情節應不會讓你感到驚訝。說到做出準確預測，史巴克的過往紀錄並不是太好。他們的計畫成功的可能性「非常小」，史巴克在他們計畫成功之前的某一集中曾如此警告寇克。[2]「我們存活

的賠率少於七千比一，」在另一集中，史巴克這麼告訴寇克，但不久之後他們安然無恙地逃了出來。[3]在又另一集中，史巴克宣稱找到倖存者的機會「絕對是零」，就在他們發現一大群倖存者之前。[4]

我們喜歡感覺確定

史巴克**過於自信**，這意味著他對自己正確的自信超過了實際的準確性。在這方面，史巴克與我們大多數人並沒有太大的不同（除了他更強調自己的預測是如何客觀和「合乎邏輯」，這就是我選擇拿他做例子的原因）。我們經常說得好像我們不可能有錯似的，「他從那麼遠的地方不可能投進那一球！」或者「我一定會在週五之前完成那件事」，然而事實證明我們是錯的。

持平來說，我們言談中所表達出的確定性，部分只是為了簡單。如果我們在談話中必須停下來，為我們所做的每一個聲明指定一個信賴區間，那麼對話將變得笨拙、毫無效率。但即使有人確實提醒我們停下來，反思一下自己的確信程度，我們也常常聲稱自己是完全確定的。如果你在網路上搜索諸如「你有多確定」或「你有多自信」這樣的詞句，你就會注意到這一點。以下是我從線上問答網站 Quora、Yahoo奇摩知識＋、Reddit，以及其他論壇中找到的一些例子：

◆ 從百分比來看，你有多確定地球之外存在高等智慧生物？「我百分之百確定有其他高等智慧生物存在。」[5]

◆ 對於實現 2017 年的銷售目標，你有多少信心？「我有百分之百的信心。」[6]

◆ 無神論者們，你們有多自信不會在臨終之時皈依基督教之類的宗教？「100% 有自信。」[7]

　　即使是專業人士，在他們的專業領域也經常自以為確定但結果是錯的。舉例來說，許多研究發現，醫生經常高估自己診斷病人的能力。有項研究檢查了所有被「完全確定」得到診斷的病人屍檢結果，發現在這些病例中，有 40% 的診斷是錯誤的。[8]

　　如果我們傾向於對自己的知識過於自信，那麼當涉及我們的觀點時，情況就更是如此。我們會說諸如此類的話：「**毫無疑問**，美國需要維持生活的工資」，或者「**很顯然地**，網際網路有損我們的注意力」，或者「**當然**，那個法案將會是一場災難」。

　　並非所有的過度自信都是出於動機推論。有時我們只是沒有意識到一個話題有多複雜，因此高估了得到正確答案的容易程度。但過度自信在很大程度上源於對確定感的渴望。「確定」很簡單。「確定」令人感到舒服。「確定」會讓我們覺得自己聰明能幹。

　　身為一名偵察兵，你的力量在於你有能力超越你最初

的判斷，並以灰色而不是非黑即白的方式思考。有辦法區分「95% 確定」、「75% 確定」和「55% 確定」的感覺。這就是本章的目的。但首先，讓我們回過頭來看：給自己的信念程度加個數字到底是什麼意思？

量化你的不確定性

通常，當人們在思索自己究竟有多確定時，他們會自問這樣的問題：「我是否主動積極感到任何懷疑？」如果答案是否定的（通常都是否定的），他們就會宣稱自己「100% 確定」。

這是思考確定性的一種可以理解的方式，但並不是偵察兵思考的方式。偵察兵將他們的確定性程度，視為一種對他們正確可能性的預測。想像一下，根據你對每一個信念的確定程度，將你所有的信念分門別類。這包括日常生活的預測（「我會喜歡這家餐廳」）、對生活的信念（「我的伴侶對我很忠誠」），以及對這個世界運作方式的信念（「吸菸會致癌」）、核心價值觀（「魔法不存在」）等等。將你的信念歸類在「70% 確定」，就好比說「我期望這件事有 70% 的機率是正確的。」

當你用不同的自信水準為你的信念做標記時，你隱含的目標是完美的校準（perfect calibratio）。這意味著當你聲稱

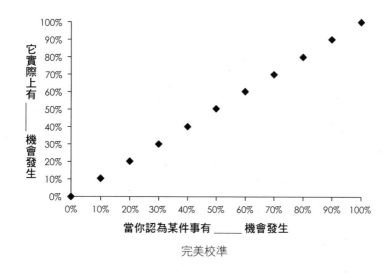

完美校準

「50%確定」，實際上在50%的情況下是正確的；你聲稱「60%確定」，在60%的情況下是正確的；你聲稱「70%確定」，在70%的情況下是正確的，以此類推。

完美的校準是一種抽象的理想，無法在現實中落實。儘管如此，這仍然是一個與你自己進行比較的有用基準。為了解這個概念，讓我們繼續以史巴克為例，看看他的校準如何臻至完美。

我把史巴克在電視影集《星際爭霸戰》（*Star Trek: The Original Series*）、《星艦迷航記：動畫版》（*Star Trek: The Animated Series*），以及《星際爭霸戰》系列電影中出現過的所有角色都看了一遍，搜索「概率」（probability）、「百分比」（percent）、「可能性」（odds）、「機會」（chance）、「有可能」（possible）、「不可能」（impossible）、「很有可能」（likely）、

「不大可能」（unlikely）、「有希望」（probable），以及「沒希望」（improbable）這些詞。總的來說，我發現了 23 個史巴克做出自信水準預測的實例，而這些預測經證實有對也有錯。你可以在附錄 A 中閱讀史巴克預測的全部細節，以及我如何對它們進行分類，但也可以先瀏覽以下提供的標題摘要：

當史巴克認為某件事**不可能**時，它有83%的情況會發生。

當史巴克認為某事**非常不可能**發生時，它有 50% 的情況會發生。

當史巴克認為某事**不太可能**發生時，它有 50% 的情況會發生。

當史巴克認為某事**有可能**發生時，它有 80% 的情況會發生。

當史巴克認為某件事發生的可能性大於 99.5% 時，它有 17% 的情況會發生。[9]

如你所見，他的預測並不好。他唯一校準得很好的自信水準，似乎是在他判斷某件事「有可能」發生的時候；這些預測確實實現的比率與他的自信水準相符。除此之外，史巴克的預測與現實完全相反，他認為某件事越不可能發生，它就越有可能發生；他認為某件事越有可能發生，它就越不可能發生。

想一想你能不能做得比史巴克更好？藉由回答幾個回合的益智問答題，你可以測試自己的精準度，並練習感覺不同確定性水準之間的差異。以下有 40 道題目供你練習。你不需要

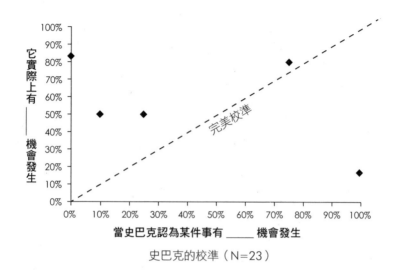

史巴克的校準（N＝23）

回答所有問題，但是你回答得越多，得到的結果就越有價值。

　　當你瀏覽題目清單時，應該會注意到你的確定性水準起伏不定。有些問題或許感覺很簡單，而且你幾乎可以確定答案。其他題目則可能會迫使你舉手投降說：「我不知道！」那很好。請記住，我們的目標不是知道得越多越好，而是要**知道自己知道多少**。

▍校準練習：圈選你的答案

第一回合：這些關於動物的事實對還是錯？	你有多確定？
1. 大象是世界上最大的哺乳類動物。（對／錯）	55% 65% 75% 85% 95%

2. 海獺有時會手牽手睡覺。（對／錯）	55% 65% 75% 85% 95%
3. 蜈蚣的腿比其他動物的都多。（對／錯）	55% 65% 75% 85% 95%
4. 哺乳類動物和恐龍的存在時間有重疊。（對／錯）	55% 65% 75% 85% 95%
5. 熊不會爬樹。（對／錯）	55% 65% 75% 85% 95%
6. 駱駝的駝峰有儲水功能。（對／錯）	55% 65% 75% 85% 95%
7. 紅鶴之所以呈粉紅色是因為牠們吃蝦的緣故。（對／錯）	55% 65% 75% 85% 95%
8. 熊貓主要吃竹子。（對／錯）	55% 65% 75% 85% 95%
9. 鴨嘴獸是唯一產卵的哺乳類動物。（對／錯）	55% 65% 75% 85% 95%
10. 騾子由公驢和母馬雜交而生。（對／錯）	55% 65% 75% 85% 95%
第二回合：哪個歷史人物先出生？	你有多確定？
11. 凱撒大帝還是孔子？	55% 65% 75% 85% 95%
12. 斐代爾·卡斯楚還是聖雄甘地？	55% 65% 75% 85% 95%
13. 納爾遜·曼德拉還是安妮·法蘭克？	55% 65% 75% 85% 95%
14. 克麗奧佩特拉還是穆罕默德？	55% 65% 75% 85% 95%
15. 威廉·莎士比亞還是聖女貞德？	55% 65% 75% 85% 95%
16. 喬治·華盛頓還是孫子？	55% 65% 75% 85% 95%

17. 成吉思汗還是達文西？	55% 65% 75% 85% 95%
18. 維多利亞女王還是卡爾·馬克思？	55% 65% 75% 85% 95%
19. 薩達姆·海珊還是瑪麗蓮·夢露？	55% 65% 75% 85% 95%
20. 愛因斯坦還是毛澤東？	55% 65% 75% 85% 95%
第三回合：2019 年哪國的人口較多？	**你有多確定？**
21. 德國還是法國？	55% 65% 75% 85% 95%
22. 日本還是南韓？	55% 65% 75% 85% 95%
23. 巴西還是阿根廷？	55% 65% 75% 85% 95%
24. 埃及還是波札那？	55% 65% 75% 85% 95%
25. 墨西哥還是瓜地馬拉？	55% 65% 75% 85% 95%
26. 巴拿馬還是貝里斯？	55% 65% 75% 85% 95%
27. 牙買加還是海地？	55% 65% 75% 85% 95%
28. 希臘還是挪威？	55% 65% 75% 85% 95%
29. 中國還是印度？	55% 65% 75% 85% 95%
30. 伊拉克還是伊朗？	55% 65% 75% 85% 95%
第四回合：這些科學事實對還是錯？	**你有多確定？**
31. 火星和地球一樣，只有一顆衛星。（對／錯）	55% 65% 75% 85% 95%
32. 壞血病是由於缺乏維生素 C 所引起的。（對／錯）	55% 65% 75% 85% 95%

33. 黃銅是由鐵和銅所製成。（對／錯）	55% 65% 75% 85% 95%
34. 一大餐匙的油比一大餐匙的奶油熱量還高。（對／錯）	55% 65% 75% 85% 95%
35. 氦是最輕的元素。（對／錯）	55% 65% 75% 85% 95%
36. 一般感冒是由細菌所引起。（對／錯）	55% 65% 75% 85% 95%
37. 地球上最深的地方在太平洋。（對／錯）	55% 65% 75% 85% 95%
38. 季節是由地球在繞太陽的橢圓軌道運行所造成。（對／錯）	55% 65% 75% 85% 95%
39. 木星是我們太陽系中最大的行星。（對／錯）	55% 65% 75% 85% 95%
40. 固體中的原子比氣體中的原子密度大。（對／錯）	55% 65% 75% 85% 95%

　　一旦你完成上述題目，或是回答了所有你想回答的問題，是時候給自己打分數了。請參閱附錄 B 提供的答案，找出你答對和答錯的題目。

　　接下來，**只看你說你有「55% 確定」的問題**，並計算出你答對題目的百分比。比方說，假如你對於答案有 55% 把握的問題共有 10 題，而你答對了其中的 6 題，那麼你在這個自信水準上的總正確率就是 6/10 = 60%。

你的結果：

	A欄： 你答對的 次數	B欄： 你答錯的 次數	你有 ＿＿ 百分比的時 間，剛好在這個自信水 準上 = A / (A + B)
55% 確定			
65% 確定			
75% 確定			
85% 確定			
95% 確定			

接著對其他自信水準同樣比照辦理（65% 確定，75% 確定，85% 確定，95% 確定）。藉由在這張圖上繪製這五個結果，你將可以得到校準的視覺圖像，點離虛線越近，校準的成績越好。

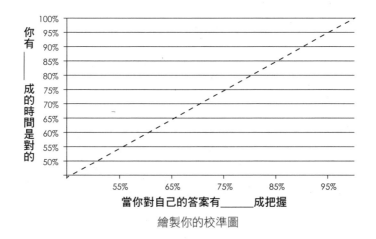

繪製你的校準圖

令人高興的是，校準是一種具有快速學習曲線的技能。對大多數人來說，幾個小時的練習就能讓他們變得非常準確，至少在一個單一領域內，例如益智問答題目。[10]（你在某個領域的校準技能將部分地〔但不是完全地〕，轉移到其他領域。）

用打賭展示你有多確定

想像一下，你正在和一個朋友談話，她正想辦法讓經營的新餐飲事業有起色。你安慰她，「你在這方面很厲害的！生意清淡的唯一原因是因為你才剛起步。每個人一開始都很難找到客戶！」

她回答說：「謝謝！我很高興你這麼想。你能把我推薦給你的同事嗎？」

突然間你遲疑了。你回想起她曾跟你說過，她在工作上有過臨陣脫逃的經驗……你意識到你實際上從未吃過她做的菜……你不禁想要問自己：「我有多確定，她真的會把工作做好？」

你剛才安慰你朋友的時候，你並沒有撒謊。你只是沒認真想過，你真正相信的是什麼，因為這似乎並不重要。然而一旦有了真正的利害關係，如果你猜錯朋友的餐飲技能，你的聲譽就會受到影響，你的大腦將會從「支持」這個目標，

切換到「真正嘗試得到正確的答案」這個目標上。

對於這兩種模式，演化心理學家羅伯特‧庫茲班（Robert Kurzban）有一個類比解釋。[11]在一個公司體制內，有董事會，也有公關祕書。董事會的角色是為公司做出關鍵的重要決定，包括：如何花費預算、該承擔哪些風險、何時改變策略等等。公關祕書的職責則是陳述公司的價值觀、使命，以及決策背後的原因。

如果競爭對手開始搶有市占率，該公司的公關祕書可能會向大眾保證：「我們不擔心。30年來，我們的品牌一直是美國人的最愛，這一點不會改變。」然而，如果你參加董事會會議，你可能會發現，董事會正在幕後認真看待風險，並尋找削減成本的方法。

假設這家公司賣的是牙膏。公關祕書可能會自信地斷言：「我們的牙膏美白牙齒的效果比市場上任何其他品牌的牙膏都好。」但假設有一位牙科系的教授來找董事會，說：「我想做一項研究。我會讓一組人使用某一種主要品牌的牙膏，但不告訴他們是哪個品牌，然後我會測量他們的牙齒美白了多少。我將公布我得到的任何結果。」

如果董事會真的有自信，認為他們的牙膏效果最好，他們會說：「太棒了！這是向大眾證明我們是最好的大好機會！」儘管公關祕書再三保證，但董事會可能會認為，他們對贏得這場比賽沒有足夠的信心，不值得冒失敗的窘迫風險。

公關祕書考慮的不是事實。他想的是，說了什麼可以不

被發覺，什麼可以讓公司呈現出最好的一面，同時至少有幾分貌似真實。但董事會受到激勵，要對真相做出最好的猜測，因為如果他們猜對了，公司就會興旺發達；如果猜錯了，公司就會遭殃。**公關祕書做出聲明；董事會則是下賭注。**

「賭」（bet）這個字可能會讓人聯想到賽馬和賭桌，但它的意思要廣泛得多。打賭是你做出的任何根據結果來看、可能得到或失去價值的決定。這可能包括金錢、健康、時間，或是聲譽（就像上述例子中你的餐飲業朋友需要你的引薦一樣）。所以，當你在想你有多確定的時候，如果你能從「我能對自己說些什麼而不受懲罰」的思考角度，轉為「如果有什麼事危在旦夕，我會怎麼打賭？」，你的答案就會更為誠實可信。

有時我正在做的一項專案似乎沒什麼希望。這時，比方說，憑空想出一個隨機的假設：「我正在寫的這本書很糟糕，我應該放棄。」但我有多確定我不是暫時的恐懼？我的公關祕書堅持說，**我百分之百確定**。但我們不要理會他的意見，而是轉而向董事會提出一個問題：「假設你猜對了一週後你是否仍會對你的書有這種感覺，你就能贏得一千美元。你會怎麼賭？」

現在，面臨失去錢的風險，我猶豫了。我回想起自己曾多次對我的書或其他專案計畫感到悲觀，但通常在一兩天內烏雲就會消散。關於這個賭注，我感覺最好的選擇會是：「是的，我可能之後會感覺更好。」進行這樣的練習並不能神奇

地消除我的壞情緒，但確實能削弱緊張不安的情緒。這是很有用的方法：向自己證明，我不願意押注這種情緒會持續下去，即使**感覺**上它會永遠持續下去。

當你想像在對你的信念下注時，有個訣竅：你可能需要想出一個假設的測試來證明你的對錯，從而更具體地了解你的信念。比方說，如果你相信「我們的電腦伺服器是高度安全的」，一個假設的測試或許像這樣：設想你要雇用一名駭客試圖闖入你的系統。如果駭客成功了，你將失去一個月的薪水。你覺得你有多大信心能贏得這場賭注？

如果你相信「我和我的另一半吵架時是講道理的，他才是不講理的那方」，一個假設的測試或許像這樣：假設另一個人，一個客觀的第三方，知曉關於這場爭執的所有相關細節，並被要求判斷你們兩位誰較為講理。如果他判定是你較講理，你就贏得一千美元；若否，你將損失一千美元。你覺得你有多大信心能贏得這場賭注？

等值賭注測試

上一節的投注例子是為了讓你對自己的信念**產生一種質量上的信心**。你願意毫不猶豫、樂於接受這個賭注嗎？你有沒有產生一丁點的懷疑？你真覺得要被撕裂了嗎？你的猶豫，或毫不猶豫，是你對於「你的信念為真」信心程度的代表。

考慮一個賭注也可以用來確定**你在數量上的確定程度**，幫助你為你的信心程度標上數字。有時我聽到一個很有野心的科技預測，比如「無人駕駛汽車將在一年內上市！」我的第一反應經常是嘲笑：「嗯，這太瘋狂了。」但我有多大把握這個預測是錯的呢？

為了回答這個問題，我想像自己面臨兩種可能的賭注。我採用一種從決策專家道格拉斯・哈伯德（Douglas Hubbard）那裡改編而來的方法，它叫作「等值賭注測試」（equivalent bet test）。[⑫] 在這個例子中，我是這麼使用的：我可以押注自駕車，如果它們在一年內上市，我就能得到一萬美元。或者，我可以選擇「賭球」（ball bet）：我得到一個盒子，裡面有四顆球，其中一顆是灰色的。我把手伸進盒內、看都不看抽出一顆球，如果是灰球，我就贏得一萬美元。[*]

賭球（四分之一贏的機率）	賭自駕車
從一個內含四顆球（其中一顆為灰球）的盒內抽球。如果我抽到灰球就得到一萬美元。 	如果一年內能買到完全自動駕駛的汽車，我就能得到一萬美元。

---

[*] 為公平起見，這個球賭也必須在一年內獲得支付，就像自駕車賭一樣，如此一來我的決定就不會被即時支付的可能性所影響。

　　我寧願賭哪一場？我猶豫了一會兒，但我會較樂於選擇賭球。由於賭球獲勝的機率是四分之一（25%），我對賭球更有信心的事實意味著，我對自駕車在一年內上市的**信心不到 25%**。

　　讓我們試著降低打賭贏球的機率。假設盒內有 16 顆球，其中只有一顆灰球。現在，我會更傾向於哪一種賭注：押注灰球，還是押注一年後上市的自駕車？

賭球（十六分之一贏的機率）	賭自駕車
從一個內含 16 顆球（其中一顆為灰球）的盒內抽球。如果我抽到灰球就得到一萬美元。	如果一年內能買到完全自動駕駛的汽車，我就能得到一萬美元。

　　這一次，我注意到我更傾向於選擇自駕車。畢竟，有時候科技進步會讓我們大開眼界。也許有一家致力於自駕車技術的公司曖曖內含光，實際能力比表現出來的技術要強。這似乎不太可能，但我還是寧願賭一把，也不願祈禱有好運氣抽到灰球。而且，由於抽到灰球的機率是十六分之一（約6%），我更願意押注於自駕車的事實暗示了，我有**超過6%的信心**，認為自動駕駛汽車將在一年內上市。

　　好吧，讓我們稍微把贏球的機率往回調高一點，調到九

分之一。現在，我更喜歡哪一種賭注？

賭球（九分之一贏的機率）	賭自駕車
從一個內含九顆球（其中一顆為灰球）的盒內抽球。如果我抽到灰球就得到一萬美元。	如果一年內能買到完全自動駕駛的汽車，我就能得到一萬美元。

嗯。現在我實在左右為難。兩個似乎都不是很好的選擇。**這兩個賭注給我的感覺等值：**由於我們已知賭球贏的機率是九分之一（約 11%），這意味著我對一年內上市的自駕車大約有 11% 的信心。雖然我仍不認為「自駕車將在一年內上市」的預測有可能成為現實，但我已經從原本未經思考、脫口而出的「這太瘋狂了」，得到了更可信的最佳猜測。

上一章關於思考實驗的核心技能是一種自我意識，一種你的判斷是偶然的感覺，亦即感覺到當你在心理上改變一些本應不相關的問題特徵時，看似正確、合理、公平或渴望的東西會有所改變。我們所討論的特定思考實驗都是我和其他人經常使用的有用工具。但你如何看待你思維產出的潛在轉變甚至更有用。

這一章也有一個核心技能：能夠分辨出「發表聲明」的

感覺，以及「實際嘗試猜測何者為真」的感覺，這兩者間的區別。發表聲明就像是你的公關祕書在說話。感覺已有預先準備好的講稿、脫口而出；整齊有序、條理分明。有時則略顯匆忙，就好像你想把什麼事拋到腦後。其中所涉及的大腦運動包括宣告、表明、堅持，或是嘲笑。

猜測何者為真就如同身為董事會成員，決定要怎麼下賭注一樣。至少有一兩秒鐘的時間你不知道自己最後會給出什麼樣的答案。就好像你瞇起眼瞥看證據，試圖總結你所看到的。這其中所涉及的大腦運動包括估計、預測、權衡或深思。

量化你的不確定性、做好校準，以及想出假設性的賭注，這些都是很有價值的技能。但更有價值的是，擁有自我意識，能夠判斷自己是否已盡最大能力誠實地描述現實。

PART 3

屏棄自我安慰的錯覺

07

如何應對現實

抑制負面情緒的想法與作為，不自欺、不將就。

1981 年，史蒂芬・卡拉漢（Steven Callahan）獨自駕船航海時不幸翻覆，當時他的生存前景看來渺茫。他設法乘坐救生筏逃離沉船，但他人在大西洋的偏遠地帶，附近沒有任何航道經過，而身邊的存糧和儲水也所剩無幾。卡拉漢做了他唯一能做的事。他朝向離他最近的陸地，1,800 英里外的加勒比群島出發。

在海上漂流的生活很折磨人。鯊魚包圍著救生筏，當救生筏被海浪來回反復扔擲之際，海水也將他浸透，使得他渾身發抖，身上的瘡也被灼傷了。

幸運的是，卡拉漢還有能力用魚叉槍捕魚，還臨時拼湊了一個收集雨水飲用的器具來維持生命。他計算了一下自己每天僅能喝半品脫的水，大約是每六個小時汲取一口。這僅

能勉強存活。經過數週之後,他追蹤導航中可能出現的誤差,逐漸加大他估計距離的誤差線。[1]

在一天當中,他要面對許多艱難的決定。如果他在夜裡不睡覺,他就更有機會看到經過的船隻,但這也意味著他會更快消耗體內儲存的水分和能量,而且白天很難保持清醒。

當一艘船經過時,他必須決定是否要用信號槍發射訊號。假如被發現的機會夠大,那麼這顯然是值得的。但如果船離得太遠,那也就浪費了他為數不多的其中一枚信號彈。

如果他的魚穫不夠多,很快就會吃光食物。但每次釣魚,他都會用盡全力,同時也冒著失去魚叉或損壞救生筏的風險。

每次做決定時,卡拉漢都會在腦中反覆考慮可能的結果,權衡一個選擇與另一個選擇的風險。一切就像是場賭博;沒有什麼事是一定的。「你已經盡力了。你只能盡力而為。」他像念口號一樣重複著自己的話。[2]

他以每小時 8 英里的速度漂流,一日復一日,體重下降了超過三分之一,直到最後被瓜德羅普(Guadaloupe)海岸的一艘漁船發現並獲救。他已經漂泊了整整 76 天。

卡拉漢在節約用水方面非常自律,最後他還剩下五品脫的水。在漂流了 11 週後的現在,他一口氣全喝了下去以止渴,並終於允許自己去想這個令人高興的想法:「我獲救了。」

將絕望拒於門外

人類最基本的需求之一，就是感覺一切都還過得去：感覺自己不是失敗者、這個世界並非可怕之處，以及無論生活丟過來什麼，自己都能應付。當然，在生死關頭的情況下，這種需要尤其難以滿足。這就是為什麼大多數人在緊急情況下會訴諸各種形式的動機推論，例如否認、一廂情願的想法和合理化。

殘酷的諷刺是，緊急情況正是你最需要清醒的時候。卡拉漢的航行充斥一個又一個艱難的判斷：預測要以何種速度消耗食物和水、被一艘船發現的可能性，或是決定不同風險的優先順序。你越依賴動機推論，就越會降低你做出這類判斷的能力。

在他的船失事後，卡拉漢盤算他的新現實，意識到他沒有自我欺騙的本錢。「我經常對自己隱瞞一些事情，有時也會愚弄他人。但大自然並不是傻瓜，」他對自己說。「我或許還算幸運，能被原諒一些無關緊要的錯誤，但我不能指望運氣。」③

拯救卡拉漢的特質並非對恐懼或抑鬱無所畏懼。就像任何處於危急處境的人一樣，他努力克制絕望的情緒。拯救他的特質是，他致力於**在不扭曲自己現實地圖的情況下，設法抑制絕望**。

他感到慶幸。至少他在遠航前有先見之明，為自己升級

一個更大的救生筏。如果被困在他船上原本的狹小、狹窄救
生筏上，情況會更糟。

他提醒自己，他已竭盡一切可能。（「你已經盡力了。
你只能盡力而為。」）

他藉由接受而非否認的方式，找到了一些方法來平息對
死亡的恐懼。他決定充分利用他剩下的時間，寫一本給未來
水手的指南。「即使我死了，在救生筏上也可以找到我的著
作，」他推論道。「這份指南可能會對其他人有所啟發，尤
其是那些航海的人，他們可能會發現自己處於類似的情況。
這是我能做的最後一件事了。」④

應對現實：誠實 VS. 自欺

令人慶幸的是，我們在日常生活中少有如此高的風險。
但即使鮮少需要處理攸關性命的威脅，我們也得經常應付對
自身情緒和自尊的威脅。諸如此類的擔憂會躍入腦海：「辭
職是個錯誤的決定嗎？」「我冒犯他了嗎？」當有人批評我
們的時候；當面臨一個不愉快的選擇；當我們在某些事情上
失敗了，我們會尋求一種能夠抑制負面情緒的想法作為回
應，也就是一種應對策略。

人們通常想當然爾地認為，應對需要自我欺騙，專家也
不例外。在《錯不在我》（*Mistakes Were Made (But Not by Me)*）

一書中，心理學家卡蘿·塔芙瑞斯（Carol Tavris）和艾略特·亞隆森（Elliot Aronson）探討了自我辯護（self-justification），這是一種在你做出正確選擇後說服自己的動機推論。這本書主要探討自我辯護的諸多缺點，它如何迫使我們堅持錯誤的決定，而不是改變路線，並使我們注定重複自身錯誤，而不是從中汲取教訓。然而，塔芙瑞斯和亞隆森得出結論，為了心理健康，我們還是需要一些自我辯護：「沒有它，我們將延長可怕的難堪痛苦。我們會因為沒走的路，或是我們走的路有多糟糕而折磨自己。」⑤

但是，我們真的需要自我辯護來避免「用懊悔折磨自己」嗎？難道我們不能……學會不要用懊悔來折磨自己？

諾貝爾獎得主暨心理學家丹尼爾·康納曼（Daniel Kahneman）在《快思慢想》一書中指出了動機推論在情感上的好處：彈性。如果你能把責任歸咎於別人而不是你自己，將更容易從失敗中再站起來。康納曼舉了一個挨家挨戶上門推銷的業務員案例，他的工作包括遭受一連串的拒絕：「當一個人才剛被一個憤怒的家庭主婦當面甩門拒絕，『她是個糟糕的女人』的想法顯然要優於『我是個不稱職的業務員』。」⑥

但這真的是我們唯二的選擇嗎？我們也可以這麼告訴自己：「是的，我搞砸了那筆交易。但每個人都會犯錯。」或者「是的，我搞砸了那筆買賣。儘管如此，我還是在進步，我過去每天都會被拒之門外，而現在已進步到每週被拒

絕！」我們當然可以找到從挫折中振作起來，同時又不需要
把責任推到別人身上的方法。

　　達爾文曾有過嚴重的焦慮，尤其是當他的書遭受評論家
的攻擊時。（「我今天很糟糕，非常愚蠢，討厭所有人和所
有事，」在一封特別能引起他共鳴的信中，他如此向一位朋
友抱怨道。）[7] 但對達爾文來說，重要的是要避免自我欺騙，
不要對合理的批評或自己的錯誤視而不見。和卡拉漢一樣，
達爾文的力量來自於一個令人欣慰且真實的想法，他正在盡
自己最大的努力：

　　　每當我發現自己犯了大錯，或者因為我的工作成果有所
　　缺陷而遭致恥笑批評，甚至當被人過度誇獎，使我感到困窘
　　時，我也能無數次對自己說這句令我安慰的話：「我已經竭
　　盡所能努力工作，沒有人能比我做得更好了。」[8]

　　偵察兵在恐懼、焦慮、不安全、絕望或其他任何激發動
機推論的情緒面前並非堅不可摧，他們和其他人一樣依賴應
對策略。他們只是更加謹慎地選擇不會影響判斷準確性的應
對策略。

　　我喜歡想像出所有可能的應對策略（所有我們可以避免
負面情緒的方法），然後將之堆疊在一個巨大的比喻桶裡。
有些人會說出一些諸如「壞事絕對不會發生」之類的錯誤陳
述。還有一些人需要提醒自己一個事實，比如：「我過去曾

成功處理過類似的問題。」有時，桶裡的一些應對策略根本不涉及任何話語（因此不是自我欺騙），比如深呼吸，然後從一數到十。

當消極情緒來襲時，我們就好像匆忙地伸手去桶裡抓點什麼東西，任何東西都可以，來讓自己好過一點。我們不太留心自己拿出什麼應對策略，也不太注意它是否涉及自我欺騙。只要它能讓我們感覺更好，而且有一半是可信的，就行。

我在這一章要主張的是，事實上有許多不同的應對策略存在，你不需要那麼快就去處理你從桶裡拿出的第一件東西。只要你在裡面翻找多一點時間，你幾乎總能找到一些不需要自我欺騙的安慰。以下是一些最常見的例子。

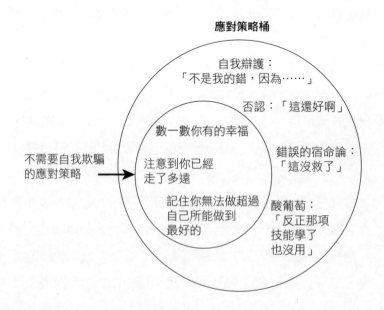

應對策略桶

自我辯護：
「不是我的錯，因為……」

否認：「這還好啊」

數一數你有的幸福

錯誤的宿命論：
「這沒救了」

不需要自我欺騙
的應對策略 →

注意到你已經
走了多遠

記住你無法做超過
自己所能做到
最好的

酸葡萄：
「反正那項
技能學了
也沒用」

訂定計畫

在電視影集《辦公室》（*The Office*）的其中一集，糊塗的分公司經理邁克爾・斯科特（Michael Scott）被高階管理人員告知，他必須在月底前解雇一名員工。邁克爾討厭做不受歡迎的事，所以他一再拖延。在這個月的最後一天，只剩幾個小時的時間了，他還沒決定要解雇誰。其中一名銷售員吉姆・哈柏特（Jim Halpert）俏皮而又不露聲色地總結了邁克爾否認的技巧：「我想他一直希望有人主動辭職，或者在最後期限前被公車碾過。」⑨

當想到不愉快的事情時，有一些自我欺騙的應對方法，比如為某項任務何以不必要找藉口，或者像邁克爾・斯科特那樣矢口否認。但也有誠實的應對策略，比方說想出一個假設性的計畫。

我曾經因為我對一個朋友做了不替他人著想的事情而感到內疚，我花了一個星期的時間來為自己的行為自我辯護。我應該道歉嗎？我多次對自己說：「不，沒必要。她可能根本沒注意到。」其他時候則是這麼對自己說：「反正她可能已經原諒我了。」顯然，我並不認為這些自相矛盾的理由完全令人滿意，這就是為什麼我不得不一次又一次地與自己進行同樣的論證。

最後，我問自己：「好吧，假設我必須道歉。我該怎麼做呢？」我沒花多久時間就在腦子裡擬了一份道歉草稿，我

覺得我可以在沒有太多焦慮的情況下表達出來。當我想像朋友的反應時，我意識到我期待她會感激我，而不是生氣。一旦道歉對我來說似乎是可以忍受的，這就回到了我最初的問題：「我應該道歉嗎？」現在答案清楚多了：「是的，我應該道歉。」

令人驚訝的是，如果事情是真的，一旦你覺得自己對於關於怎麼做有了具體的計畫，則你得出「那不是真的」結論的衝動就會減少。不需要是精心製作的計畫，即便是一個簡單的計畫，如「接下來是我如何向我的團隊解釋這次失敗……」或「以下是我開始找新工作的方法……」，都能在很大程度上讓你覺得自己不需要依靠否認來面對現實。

留意一線希望

有時，當我和人爭論到一半，我開始懷疑自己有可能錯了。這並不是一個令人滿意的跡象。我很容易會把這種想法拋諸腦後，專注於挽回面子。

相反地，現在我會提醒自己仍有一線希望：在爭論中讓步可以為我贏得信用。這讓我在其他情況下更顯得可信，因為我已經證明了，我不會僅僅為了證明自己而死守立場，就好像我在為我未來的說服力投資。

丟了工作的一線希望是，現在你不用再忍受那些討厭的同事了；對一場糟糕的約會來說，其中的一線希望是，你可

以把它變成一個日後能向他人述說的有趣故事。對於任何錯誤來說，其中的一線希望是，你可以從這段經歷中汲取教訓，用以幫助你避免日後再犯類似的錯誤。

記住，目標並非說服自己相信，你的不幸其實是一件好事。你不是在找「甜檸檬」的藉口。你是意識到烏雲背後的一線銀邊，而不是試圖說服自己整片烏雲都是銀色的。但在很多情況下，你總共也只需要，注意到一線希望就足以讓你願意接受雲所代表的現實。

聚焦在不同目標上

我的朋友瓊（Jon）是一家大型軟體公司的共同創始人，一開始，他的職責是聘雇新員工。幾個月後，他注意到一件令人不安的事情：當他遇到一位很有才華、對這個職位感興趣的工程師時，他應該感到高興。優秀的工程師對一家新軟體公司的成功至關重要。但瓊卻只感到失望或痛苦。他會仔細審查工程師的工作，希望能找到理由拒絕他們。

瓊在反省自己的行為時意識到：我一直以自身為這個房間裡最好的程式設計師而自豪。這就是為何他有動力去詆毀他的「競爭對手」，以作為一種保護他自尊的應對策略。

瓊知道他想要成為團隊中最好程式設計師的目標是不切實際的，更別提對他剛剛起步的公司來說會適得其反。因此，他決定重新調整自己的關注點，並修改目標：與其成為一名

偉大的程式設計師，他決定要成為能敏銳判斷出優秀程式設計師的人。對於最初的目標來說，這是一個堪稱令人滿意的替代目標，而且實際上更有利於招聘。

心存感激已擁有或更糟的

1993 年夏天被稱為「愛滋病治療史上最令人夢想破滅的時刻」。[⑩] 多年來，絕望的病人都把希望寄託在一種被稱為疊氮胸苷（azidothymidine，或稱 AZT）的新藥上，這種藥物被認為可以減緩疾病的發作。美國早期的臨床試驗表明 AZT 很有希望。

然而，一個歐洲研究小組也在進行 AZT 的研究。經過三年的資料收集，他們於 1993 年發表了研究結果。結果令人震驚：AZT 的效果並不比安慰劑好。服用 AZT 的患者中有 92% 存活，而服用安慰劑的患者中有 93% 存活。

更糟糕的是，同時期並沒有研發其他藥物。在早期試驗結果似乎顯示 AZT 有效之後，政府便停止研發替代品。許多社運人士放棄了，許多病人陷入了抑鬱，AZT 的虛假承諾原本是讓他們堅持下去的唯一原因。

但並不是每個人都想放棄。大衛‧法蘭斯（David France）在其講述愛滋病危機歷史的紀錄片《瘟疫求生指南》（How to Survive a Plague）中，描述了一小群名為「治療行動小組」（Treatment Action group）的行動主義者。他們持續密切關注

藥物測試過程，知道立即找到一種神奇藥物的機率渺茫。當 1993 年夏天傳出關於 AZT 的壞消息時，他們雖然失望，但並沒有被擊垮。

治療行動小組內的大多數社運分子自己也感染了這種病毒。儘管他們對治癒的可能性持保留態度，但他們是如何打起精神的呢？在某種程度上是因為他們對那些本來可能更糟糕的事情心存感激。法蘭斯描述了那個令人沮喪的夏天的一次會議，其中一位名叫彼得・史塔利（Peter Staley）的行動主義者說：

也許那就是我們的未來，我們將看著彼此死去。如果真是這樣的話，那就太糟糕了。情況已經很糟糕了，所以我們對此也無能為力……我只是，你知道，我真的很高興能有人陪在我身邊。沒有多少人能像我這樣有人陪伴。[11]

治療行動小組在不否認現實的情況下仍保持積極態度的能力，是一個至關重要的優勢，這一點在接下來的幾個月尤其有價值，我們將在第 14 章回到他們的故事時會看到。

自欺的人更快樂，研究錯在哪裡？

也許你讀過在過去 30 年內出版的許多書或文章中的一

篇，諸如「為什麼自欺對你的健康有益」[12]，或《自欺的潛在力量》(*Kidding Ourselves: The Hidden Power of Self- Deception*)[13]，抑或是「抑鬱的人看待世界較為實際，而快樂的人可能患有輕微妄想症」[14]。這些書和文章總結了心理學中一個流行的分支主張，認為我們的心理健康取決於對自己有多優秀懷有多少「正向錯覺」(positive illusions)。

然而，在你把我的書扔出窗外，開始試圖用自我欺騙的方式獲得幸福之前，讓我們仔細看看這項研究。下面是我對這一領域的一項典型研究方法論的總結，該研究是由華盛頓大學心理學家強納森‧布朗(Jonathan Brown)所進行，看看你對此有什麼看法：[15]

1. 布朗讓人們在「負責任」和「聰明」等正向特質方面，對自己和同輩人進行評分。

2. 他發現，高自尊的人傾向於認為自己在這些正向特質上優於平均水準。

3. 因此，布朗得出結論，心理健康與「自我膨脹偏見」(self-enhancement biases)有關。

你有發現什麼問題嗎？

首先，布朗從不知道人們對自己的評價是否準確。他只是假設，如果有人聲稱自己比一般人優秀，他們一定是受到了「自我膨脹偏見」的影響。但當然，對於任何特定的特質，

許多人確實比常人厲害。有些人比一般人更有責任感，有些人比一般人更聰明等等。所以，另一種總結這些結果的方式可以簡單地說：「擁有許多正向特質的人往往有較高的自尊。」[16] 在這個故事中，根本沒有必要援引「自我膨脹偏見」。

在沒有任何客觀的現實標準進行比較的情況下，把人們的信念稱為「有偏見的」或「錯覺的」，這是一個在自欺研究中相當常見的問題。心理學中被引用最廣泛的一篇論文，是關於正向錯覺（positive illusions）案例的摘要，這是一篇1988 年的評論文章，由喬納森・布朗（Jonathan Brown）與加州大學洛杉磯分校（UCLA）心理學家雪萊・泰勒（Shelley Taylor）合寫，題為〈錯覺與幸福：心理健康的社會心理學視角〉（Illusion and Wellbeing: a Social Psychological Perspective on Mental Health）。如果你讀過關於自欺益處的文章或書，很有可能是引用自這篇論文。只需要略讀一下其中語言，你就能看出這個領域是將正向錯覺和正向信念合併在一起的。以下段落則為一例：

正向錯覺與幸福報告有關。對於有著高度自尊和自信的人、報告說他們對自己的生活有很大的控制力，以及相信未來會給自己帶來幸福的人來說，要比缺乏這些觀念的人更有可能表明自己現在很幸福。[17]

注意上述第一句和第二句之間的轉換。第一句話說，幸

福與你對生活的「正向錯覺」有關。但第二個支持性的句子僅陳述，幸福與你對生活的正向信念有關，而我們沒有理由懷疑這些信念是否準確。

有時，研究人員只是提前決定什麼必須是對的，然後假設任何不這樣做的人是在欺騙自己。自我欺騙問卷是心理學家哈羅德・薩基姆（Harold Sackeim）和魯本・古爾（Ruben Gur）在 1970 年代編制的，他們用以判定「越是幸福的人，越是對自己撒謊。」[18]你的分數取決於你如何回答一系列關於你自己的問題，從一（「非常不同意」）到七（「非常同意」）給分。

其中一個問題是「你曾經生氣過嗎？」如果你在七分中給一或二分，你就被會被歸類為自欺欺人。但我有一些認識了十多年的朋友，他們生氣的次數我一隻手就能數出來。如果他們誠實回答這個問題，他們就會被歸類為自欺者。

之後的問題變得更奇怪。其中一個問題是：「你是否被同性的人吸引過？」另一題是：「你曾經想強姦或被強姦過嗎？」同樣的，如果你在滿分七分中只給出一或二分，你會被認為是在欺騙自己。[19]這項研究並沒有告訴我們太多關於自我欺騙的訊息……儘管它有可能已告訴我們一些關於研究人員本身的事情。

當然，「自欺導致幸福」的研究有其嚴重缺陷，但這並不代表自欺無法導致幸福。在許多情況下顯然可以。自欺只

是會侵蝕你的判斷力。不過，既然有這麼多不涉及自我欺騙的解決方法，為什麼要選擇自欺？

本章提供的建議，如訂定計畫、尋找一線希望，以及改變你的目標等等，只是偵察兵發現的一些用來管理情緒的方法。不同的人適合不同的策略。我的一個朋友在面對令人痛苦的批評時，總會想出辦法對批評他的人報以感激之情。這對他來說很有用，但對我卻一點用也沒有。相反的，我處理的方式是，專注在思考若我能讓自己誠實地思考這些批評，我的未來會變得有多美好。

經由練習，你會發展出適合自己的應對策略工具包。請記得：你不需要妥協將就。你看清事物的能力是寶貴的，你不應該犧牲它來換取情感上的安慰。好消息是，你不必這麼做。

08

不自欺的激勵動機

接受變異與風險，你將贏得勝率高的賭注。

當我 16 歲的時候，我曾認真考慮過在高中畢業後搬到
紐約，追尋舞台表演事業。我知道我的勝算不大。演戲是出
了名的難賺錢；舞台表演更是如此。但我對戲劇情有獨鍾，
晚上會跟著我的《吉屋出租》（Rent）和《悲慘世界》（Les
Misérables）CD 唱歌，同時做著百老匯的白日夢。

我碰巧認識一位成功的舞台劇演員，於是我問他，在考
量勝算不大的情況下，他覺得我應該要怎麼做。「別管機會
了，」他告訴我。「生活中的每件事都有風險，但如果你想
要，就應該去爭取。如果你擔心失敗，那只是一種自我實現
的預言。」

這姑且稱之為成功的自我信念模型：如果你說服自己將
會成功，你就會有動力去嘗試艱難的事情，並在遭遇挫折時能
堅持下去，如此一來你的樂觀最終會自我實現。反之，如果

你承認面臨的機會很渺茫，或者考慮到失敗的可能性，你將會因為太過氣餒而不敢嘗試，你的悲觀也會成為自我實現的預言。

在 Pinterest 或 Instagram 上瀏覽勵志圖片，自我信念模型隨處可見。亨利·福特：「不管你認為自己能還是不能，你都是對的」是其中一個流行的說法。[①]成千上萬的貼紙、海報和枕頭上寫著：「她相信自己能做到，所以她就做到了。」[②]其他來自勵志作家和部落客的例子如下：

在工作或生活中，沒有什麼偉大的成就是靠碰運氣獲得的。每條規則都有例外，如果不可能是你，那就見鬼去吧！[③]

如果你真的為你的目標奉獻全部精力，任何事都是有可能的。只要你有足夠強烈的欲望。[④]

要想成功，你需要對你的目標和實現它的能力有不可動搖的信念……為一個消極的結果做準備，只會侵蝕你的信心和自我信念。[⑤]

你需要真正相信，你會竭盡全力獲得成功。[⑥]

雖在 Pinterest 網站上並不常見，但 19 世紀的哲學家威廉·詹姆斯（William James）是最早倡導自我信念的人之一。在他最著名的文章〈信念意志〉（The Will to Believe）中，他舉了一個引人注目的例子來證明自己的觀點：想像你正在爬山。不幸的是，你被困在懸崖上，無處可逃，除了跳向附近的山

峰。詹姆斯說：

　　要對自己成功做到、且你的腳有辦法完成這項任務有信心。但若懷疑自己，想到所有你聽到科學家們說的關於「可能」的美好事物，你就會猶豫很久，最後，失魂落魄，渾身顫抖，在絕望的瞬間把自己扔進深淵。⑦

　　詹姆斯認為，我們生活中有很多情況都像這樣。選擇對你的成功有信心，不管是否有風險或困難，乃是召喚成功意志的唯一途徑。詹姆斯是對的嗎？如果你按下一個按鈕，就會對自己成功的機會變得非理性樂觀，你應該按下按鈕嗎？

掌握準確可能性，選擇你的目標

　　你可能已經猜到了，我沒有採納我那位演員朋友的建議。即使在 16 歲的當時，我也無法接受不先做功課就貿然投入某個職涯的想法。

　　先讓你有個概念，一個有抱負的舞台劇演員，他的機會有多糟：在美國演員公會（Actor's Equity）的 4.9 萬名成員中，全國舞台劇演員聯盟（national union of stage actors）的成員只有 1.7 萬人在一年中獲得表演工作。那些有工作的人，平均年薪是 7,500 美元。⑧加入工會的演員算是相對成功的，沒加

入演員工會的表現甚至更差。

當然，任何一個特定的人，其成功機率都可能高於或低於整體勝算所建議的，這取決於個人的才華、勤奮、魅力或人脈。但整體勝算是一個需要注意的重要底線；勝算機會越渺茫，你也就需要更好且更幸運才能打敗機會。

我和我在演藝圈的另一個朋友談過。她給我的建議和第一位演員不同。她告訴我：「看吧，這一行真的很艱難，不過這並不意味著你不應該選擇這個行業，而是要問問你自己：你確定表演是唯一讓你感到興奮的職業嗎？」

我對這個問題的回答是「不」（這使我父母大為寬慰）。我還發現了其他感興趣的學科，而且我很確定一旦上了大學，我還會發現更多。對於其他對表演有著更強烈的熱情，或者比我更有天賦的人來說，雖然成功的機率渺茫，但是值得一試。但若要成功權衡這些因素，你需要對實際的可能性有準確的了解。

這是自我信念激勵法的最大問題。由於你不應該現實地考慮風險，所以你不可能問自己「這個目標值得我冒險嗎？」以及「有沒有其他類似的目標，但只需要伴隨更少的風險？」自我信念激勵法暗示你不需要做任何決定；你已經找到了一條正確的道路，沒有其他的選擇值得你去權衡。

事實上，請注意，在威廉・詹姆斯的故事中（危險地跳向附近的山峰），他已經構建了一個例子，他對非理性自我信念價值的論證，其中毫無涉及任何決策。你沒有機會比較

多種選項，或腦力激盪你可能錯過哪些想法。你唯一能做的，就是試著成功執行跳的動作。

在這種情況下，你只有一條路可走，也許在這條路上有一個現實的成功機率並無濟於事。但這種情況實際上到底多久才會發生一次呢？即使在真實的登山場景中，也從來不會只有一種選擇。你可以試著從山的另一側爬下來，而不是試圖跳到附近的山峰上。或者，你也可以待在原地等待救援。這兩種選擇是否比跳躍更好，取決於你對它們相對成功機率的估計。

儘管「追尋你的夢想」這樣的說法，聽起來好像每個人都有且只有一個夢想，但大多數人都有不止一件他們喜歡、擅長或至少可能擅長的事情。如果你在全心投入、追求某個目標之前，不先自問：「與我可以做的其他事情相比，這個目標值得追求嗎？」，這對你會是一種傷害。

此時，你可能會想：「當然，當你要選擇一條道路時，對可能性有準確概念是很重要的。但一旦你已經做出了選擇，那麼你就應該在執行階段轉向非理性樂觀。」

當然，這並不像「轉向非理性樂觀」那麼簡單；你不能只是做一個深思熟慮、現實的風險計算，然後就把它從你的記憶中抹去。但假設你可以，你應該這麼做嗎？

掌握準確可能性，適時調整計畫

　　從高中開始，謝莉・阿坎博（Shellye Archambeau）就下定決心，有朝一日要成為一家大型科技公司的執行長。[⑨] 2001年，她覺得自己終於就要實現這個夢想了。15年來，她在IBM不斷晉升，成為該公司歷史上第一位擔任國際高階管理職位的非裔美國女性。離開IBM後，她曾在另外兩家科技公司擔任執行長。謝莉準備好了。

　　不幸的是，2001年也是網絡泡沫化的一年。矽谷到處都是新近失業的高階主管，他們比她更有經驗，人脈也更廣，這些人現在都要和她競爭執行長職位了。的確，這是很糟的時機。謝莉認為自己有兩個選擇。她可以堅持自己最初的目標，亦即成為一家頂級科技公司執行長，但如此一來她的勝算會比以前更低。或者，她可以修正自己的目標，不再要求她的公司是「一流的」。相反的，她可以把目標訂定在一家有待修繕的公司，一家陷入困境但更容易進入的公司，在她強大的管理能力之下，她或許能夠扭轉公司局面。

　　她決定採取第二種選擇，並且成功了。謝莉被聘任成為Zaplet公司執行長，這是一家當時幾乎宣告破產的新創公司。在接下來的14年裡，謝莉將Zaplet妥善經營，最終讓一家擁有1200名員工、價值超過4億美元的公司Metric-Stream併購。

　　事實上，在追求一個目標時，「決策」和「執行」這兩階段之間並無明顯區別。隨著時間的推移，你的情況會改變，或

者你會得知新的訊息，因此你將需要修正你對可能性的估計。

掌握準確可能性，決定成功賭注

在 1980 年代，企業家諾姆・布羅斯基（Norm Brodsky）斥資 3,000 萬美元，創建了一家名為「完美遞送員」（Perfect Courier）的快遞公司。為了發展得更快，他決定收購競爭對手，一家境況不佳的通訊公司：天空信使（Sky Courier）。他從完美遞送員公司周轉 500 萬美元，為天空信使挹注資金，以期扭轉局面。但仍不足以挽救。於是他加碼投入 200 萬美元。當這些還不夠的時候，他又投入了一些完美遞送員公司的信用。布羅斯基知道，他實際上是把自己的一家公司押在自己有能力修復另一家公司上，但他並不擔心。他說：「我從沒想過自己可能無法讓天空信使成功。」[10]

不幸的是，布羅德斯基很快遭受接連兩次悲慘的打擊。首先是 1987 年 10 月的股市崩盤，這使得他的生意大受影響。其次是傳真機的迅速崛起。如果你只需要把重要文件放入傳真機就可以了，誰還需要快遞服務來傳送呢？[11]

到了第二年秋天，天空信使倒閉了，完美遞送員也隨之垮台。對布羅斯基來說，最痛苦的部分是不得不解雇數千名員工。他懊悔地意識到：「我原本有一個很棒、穩健、有利可圖的事業，就因我將它暴露在一個它本不應該面對的風

險，因此被我毀了。」

　　風險投資家本・霍羅維茲（Ben Horowitz）在《什麼才是經營最難的事？》（*The Hard Thing About Hard Things*）一書中指出，在創建一家公司時，考慮成功機率是沒有意義的。「當你創建一家公司時，一定要相信能夠找到答案，不能只想著找到答案的可能性有多高，而要全神貫注解決問題。」他寫道。「不管機率是十分之九還是千分之一，你的任務不應該因機率高低而改變。」[12]

　　但即使你的任務不變，仍存在一個問題，亦即你願意在多大程度上賭你成功完成任務的能力。如果你的公司有十分之九的成功機會，那麼它也許值得你投注畢生積蓄。如果你的機會不到千分之一，則你可能完全不想動那筆儲備金。

　　對可能性有一個準確的概念，永遠都是有價值的。然而，這也給我們留下了一個心理上的挑戰：如果你內心對於勝算有個清晰的概念，你要如何避免沮喪？當你知道很有可能你的「所有」到最後都不敷使用的時候，你要如何激勵自己付出所有？

值得下的賭注

　　當伊隆・馬斯克決定創辦一家太空飛行公司時，他的朋

友都認為他瘋了。馬斯克才剛從轉手他第二家共同創立的公司 PayPal 中賺了超過 1.8 億美元，他把這筆意外之財的大部分全押在這家即將成為 SpaceX 的公司身上。

「你會失敗的，」他的朋友們說。他們警告他：「你會輸掉所有 PayPal 的錢。」他的其中一個朋友甚至製作了一系列火箭爆炸的影片，並請求馬斯克觀看，希望能勸阻他放棄他的白日夢。⑬

這是大多數講述某人有個「瘋狂的夢想」的故事重點，故事通常像這樣：但他不能被嚇倒，因為他內心知道，那些懷疑者是錯的。但這並非這個故事的發展。當伊隆的朋友告訴他，他有可能會失敗時，他回答說：「嗯，我同意。我想我們可能會失敗。」⑭事實上，他估計 SpaceX 飛船進入軌道的可能性只有 10% 左右。

兩年後，馬斯克決定將他剩餘的 PayPal 大部分利潤，投資到電動汽車公司特斯拉（Tesla）。這次他也給出大約 10% 的成功機率。⑮

馬斯克認為自己的專案成功機率很低，這讓很多人摸不著頭緒。2014 年，在接受《60 分鐘》（60 Minutes）採訪時，主持人史考特・佩利（Scott Pelley）試圖理解馬斯克的邏輯：

馬斯克：嗯，我並不真的認為特斯拉會成功。我想我們很有可能會失敗……

佩利：但你說你並不期望公司會成功？那為什麼還要嘗

試？

　　馬斯克：如果某件事夠重要，你就應該試試，即便結果可能是失敗。[⑯]

　　馬斯克對成功的低期望值讓人們感到困惑，因為大家都認為，做某件事的唯一理由，就是你認為它有可能會成功。但偵察兵的動機並非來自於「這一定會成功」，而是**「這是一個值得下的賭注」**。

　　至少在某些情況下，大多數人已經接受了「值得下注」的想法。舉個簡單的例子，假設有人提供你一個賭注，要你擲一個普通的六面骰子。若擲出來的結果是 6，你將贏得 200 美元；若否，你會損失 10 美元。你應該接受這個賭注嗎？

　　幾乎可以確定，這對你來說是一個很好的賭注，而你可以藉由計算該賭注的**期望值**，以準確看出它有多好。以下是每次賭局的平均收益，如果你進行無限次的話。

機率	價值
六分之一擲到六的機率	贏得 200 美元
六分之五擲到不是六的機率	輸掉 10 美元

　　為了計算一個賭注的期望值，可將每個結果的機率乘以它的價值，然後將這些結果相加。這個賭注的期望值是：

([1／6 贏的機率]×$200) + ([5／6 輸的機率]×−$10)＝

$33.33−$8.33＝$25

換句話說，如果你多次下注，則你每次平均能贏大約 25 美元。僅僅擲一個骰子就能賺到不少錢！這是一個很好的賭注，即使最有可能的結果是失敗。

評估涉及現實生活的賭注的機率（比如創辦一家公司），則是一項更複雜、更主觀的嘗試。可能的結果並不像擲骰子那樣明確。它們對應的機率是主觀的。而它們的「價值」除了錢之外，還涉及許多因素：你能從經營一家公司中得到多少樂趣？即使失敗了，它會給你留下有用的人際關係和技能嗎？它會占用你多少時間？它會帶來多大的社會聲望（或恥辱）？

然而，你可以做一個粗略的估計，總比什麼都沒有好。正如我們所看到的，伊隆·馬斯克估計特斯拉會有 10% 的成功機率和 90% 的失敗機率。但成功的價值將是巨大的：將電動汽車的想法從白日夢變成主流現實，使得社會擺脫長久以來對化石燃料的依賴。即使失敗了，馬斯克認為特斯拉仍將完成一件值得的事：「我認為我們至少可以糾正人們的錯誤觀念，即電動汽車一定像高爾夫球車一樣醜陋、緩慢和乏味，」馬斯克在《60 分鐘》節目上如此告訴佩利。

馬斯克對於 SpaceX 的想法也大同小異：大約 10% 的成功機率，90% 的失敗機率。但成功的價值是巨大的。如果人

類要成為星際物種，發展一種廉價的太空飛行器乃是先決條件。若 SpaceX 已取得一些進展，即便失敗了，至少不會是全然浪費時間的投資：「如果我們能繼續前進，即使我們死了，也許其他公司會撿起接力棒，繼續前進，這樣我們仍是在做一些好事，」他如此認為。⑰

總的來說，特斯拉和 SpaceX 似乎都是馬斯克的好賭注，儘管失敗是這兩家公司最有可能的結果。

另一種考慮賭注是否為正期望值的方法，是想像多次下注。預期成功的價值是否超過預期失敗的價值？像馬斯克這樣的人在一生中可能都有時間和金錢嘗試至少十家諸如特斯拉和 SpaceX 這類公司。如果他的最佳猜測是，這十家公司中有九家將會失敗，那麼關鍵問題是：用失敗九次來換取一次巨大的成功，值得嗎？

在現實中，你幾乎沒有機會多次重複同一個賭注。但終其一生，你將有機會進行許多不同的賭注。你將在公司和事

▌馬斯克思考關於特斯拉和 SpaceX 的賭注

機率	價值
10% 的成功機率	在人類所面臨最緊迫的問題之一（永續性、太空旅行），該公司取得了重大進展。
90% 的失敗機率	馬斯克損失了他的投資，但並不危及他的個人生活。該公司可能在這個問題上取得了一些進展。

業上面臨更大的賭注；投資機會賭注；有機會去賭是否要信任別人，或提出困難的問題，或擴大你的舒適圈。你的預期價值賭注越是正數，你就越有信心最終取得整體的成功。

接受變異令人心情平靜

我通常不太關心體育，但當我看到電視台採訪崔佛·鮑爾（Trevor Bauer，克里夫蘭印第安人隊的投手）時，我的興趣被點燃了。鮑爾最近在與休斯頓太空人隊的比賽中表現良好，讓對方連續六個打席無人上壘，當記者問他成功的祕訣時，鮑爾回答說：「隨機變異（random variation）。好成績並不持久。在某個時候，它會中止。」[18]

這個回答令我啞然失笑。幾乎每個人在被要求解釋自己成功的原因時，都會給出因果解釋，例如：「我額外的練習終於開始有回報了」或「這是因為我相信自己。」你有多常聽到別人將自己的成功歸因於「隨機變異」？

鮑爾是對的，他的連勝確實結束了。不久之後，另一位記者針對球員們最近在與他的比賽中打出的異常高的本壘打得分，對他進行盤問。鮑爾回答說：「我知道結果會和我的實力相符……我不能一直維持這個高得離譜的全壘打率，這也是我現在大部分得分的原因。」[19]

一名投手的「飛球出牆率」（home run per fly ball rate，譯按：

代表打出去的飛球有多少比率成為全壘打，比率越高，對投手越不利）在很短的時間內波動很大，這意味著統計主要採集的是隨機變異數（random variance），而不是技巧。鮑爾認為，如此一來，過於擔心他目前異常高的飛球出牆率是沒有意義的。再一次，他是對的：就在緊接著下一個賽季，鮑爾的飛球出牆率在比賽中是所有人最低的。[20]

　　若有絕對把握自己會贏，有可能會帶來激勵，但這是不切實際的，在任何努力中，多少會涉及一些機會的因素。隨著時間過去，你的結果將會產生波動；你的一些賭注會有好的結果，而有很多會有不好的結果。

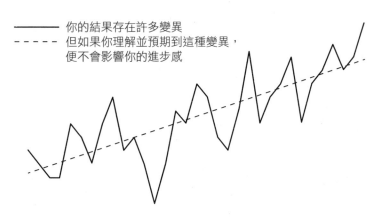

　　你的結果存在許多變異
- - - - - 但如果你理解並預期到這種變異，
　　　　便不會影響你的進步感

期望變異的心理效應 *

---

* 變異帶來的情緒損失實際上比這張圖表顯示的還要嚴重。我們厭惡損失，這意味著損失帶來的痛苦，大於同樣規模的收穫所帶來的快樂。因此，如果你不在期望中加入變異，尖線圖上的低點會讓人感覺比實際情況更低。

　　但是，只要你繼續押注預期價值為正的賭注，長遠來看，這些變異數大多會消失。在你的期望中建立這種變異數有個很好的、意料之外的結果，那就是讓你平靜下來。你的情緒將會與變異數底下的趨勢線互有關聯，而非和賭注回報與否連動。

　　我們的目標並非將所有都歸功於運氣，而是盡你所能，在心理上把運氣在你的結果中所扮演的角色，與你的決策所扮演的角色區分開來，並根據後者來評斷你自己。以下是鮑爾對自己在一場比賽中的投球表現進行事後分析的例子：

　　這球投得並不好，但我為其背後的邏輯辯護。讓傑森・卡斯楚（Jason Castro）自由上壘並不是個好主意。然後，試圖用快速球讓布萊恩・多西爾（Brian Dozier）下場，回來，好球，但他擊中了它。[21]

　　注意他是如何基於他投球選擇的質量而給予自己肯定，再是責備，然後是肯定，而不是根據最後表現來評斷。

接受風險

　　1994 年，傑夫・貝佐斯（Jeff Bezos）在紐約有一份輕鬆而高薪的工作，是當一名投資銀行家。他一直在考慮要辭職，

創辦一家公司，想從事令人興奮、名為「網際網路」（Internet）的新事物。

但他想確保自己對於正面臨的可能性有一個清晰的認識。據他估計，大約有 10% 的網際網路新創企業成長為成功的企業。貝佐斯懷疑自己的技術水準和商業構想是否優於平均，但他也知道，這不能成為完全忽略基線機率的理由。總的來說，他預估自己有 30% 的成功機會。

他對這種程度的風險有何感覺？他能忍受失敗的可能性嗎？貝佐斯想像自己已 80 歲，正回顧自己的人生選擇。錯過 1994 年的華爾街紅利獎金不會是他在幾十年後會關心的事情。但如果錯過了參與網際網路發展的機會，則絕對會扼腕。「如果失敗了，也沒關係，」他決定。「當我 80 歲的時候，我會為我的努力感到驕傲。」[22] 這讓他決定冒險一試，辭掉工作，創辦後來的亞馬遜公司（Amazon）。

動機的「自我信念」模型假設，假如你承認失敗的可能性，那麼你就會變得心灰意冷或害怕冒險。在該模式下，那些認為失敗是想都不能想的人，才是竭盡全力去爭取成功的人。然而實際上，事情往往似乎是背道而馳的，提前接受失敗的可能性是一種解脫。這會使得你勇敢，而非膽怯；這會給你為了成就大事，而敢於冒險的勇氣。

當一位記者稱讚伊隆・馬斯克在創辦別人看來瘋狂的公司時無所畏懼，伊隆坦承他實際上感到非常恐懼。他只是學會了藉由接受失敗的可能性來控制這種恐懼。「在某種程度

上，宿命論可能會有所幫助，」他解釋說。「如果你接受這些可能性，那麼恐懼就會減少。所以在創辦 SpaceX 時，我認為成功的機率不到 10%，而我接受了可能會失去一切的事實。」[23]

那些從事困難計畫的人，都會意識到自己有很高的失敗風險，因此一般來說不會在日常生活中老是想著這種風險。當他們每天早上起床時，會被更確切具體的事物所激勵，如：下週即將而來的推銷宣傳會議；他們為自己設定的目標：下個月發表他們的第一款產品；挑戰自己面對問題速戰速決；目前取得的工作進展；那些指望他們的人。

但當他們決定冒什麼風險，或是退後一步反思他們的人生選擇時，若能對自己所下的賭注感到滿意，即使失敗了也會使一切變得有所不同。幾年前，我讀過一篇部落格文章，其中有一句話一直讓我印象深刻。當我在進行我認為值得但有風險的賭注時，這句話仍給我一種決心。也許對你有也會所幫助：「你想要進入這樣一種精神狀態，亦即如果出現壞結果，你只會點頭並說：『我知道一副牌中會有這張牌卡，且我知道機率，如果有同樣的機會，我還會再下相同的賭注。』」[24]

在前一章中，我們得知自己如何選擇應對策略來處理焦慮、失望、遺憾和恐懼等情緒。有些應對策略涉及自我欺騙，有些則不然。既然如此，為何要滿足於前者呢？

　　同樣的邏輯也適用於我們用來激勵自己有抱負、勇於冒險、在事情變得困難時仍堅持不懈的策略。士兵心態的激勵方式會要求你相信一些不正確的事情，亦即只要你相信自己，則成功的機率並不重要；失敗不是一個選項；運氣也無關緊要。

　　至少在短期內，士兵心態的激勵方式是有效的。但這是一種易碎的士氣，需要你避免或合理化排除所有可能威脅你繼續相信自己有能力獲勝的訊息。

　　偵察兵依靠的則是另一種士氣。與其被保證成功的承諾所激勵，偵察兵的動機來自於他們做了一個明智的賭注，不管是否成功，他們都因做了該賭注而感覺良好。即使某一特定賭注的成功機率很低，他們也知道，長期來看，只要持續押好的賭注，他們的整體成功機率就會高得多。激勵他們的動機來自於認知到，儘管在任何單一情況下成功的可能性都很低，但從長遠來看，只要他們堅持押好的賭注，成功的可能性就會高得多。他們的動力也來自於，知道衰退是不可避免的，但從長遠來看就不會那麼清楚可見；以及雖然失敗有可能發生，但也並不是不能忍受的。

　　偵察兵的激勵方式不要求你犧牲你的能力來做出清楚的決定。這是一種強大的士氣，一種不需要逃避現實的士氣，因為它源於事實。

09

不過度自信

坦承心中的不確定性，社交自信比知識自信更有力量。

在上一章中我們看到，在創立亞馬遜之前，傑夫·貝佐斯預估他的商業構想有 30% 的成功機率。但他肯定不會向潛在投資者承認這一點……對吧？怎麼會有人想要投資一個打著「先說清楚，我可能會失敗」宣傳口號的企業家呢？

事實上，貝佐斯的確與潛在投資者分享了他的不確定性。在每一次宣傳會上，他都會如此告訴聽眾：「我認為你有 70% 的可能會損失掉所有的錢，所以不要投資，除非你能承受損失。」[1]

隨著公司的發展，貝佐斯秉持他一貫的直率作風，談論未來環境的不確定性。1999 年接受 CNBC 採訪時，他說：「沒有人能保證亞馬遜會成為一家成功的公司。我們目前努力嘗試做的事情非常複雜。」[2]到了 2018 年，當時亞馬遜即將世界上最有價值的公司。在那年秋天的一次全公司會議上，貝

佐斯對所有員工說：「我預測亞馬遜總有一天會失敗⋯⋯如
果你看看其他大型企業，它們的壽命往往是 30 多年，而不是
100 多年。」[3]

　　人們普遍認為，你對自己的信念越有信心，你的影響力
就越大。自信成就一切。自信會吸引人們傾聽你、追隨你，
以及相信你知道自己在做什麼。如果你查詢任何關於如何變
得有影響力或有說服力的建議，你會發現其中有許多都是要
你相信自己：

　　唯有具無限確定性的人，才有辦法總是能夠說服別人。[4]
　　每一個成功的商業領袖都有很強烈的自信心。[5]
　　沒人喜歡帶有「可能」的觀點。人們想要的是確定性。[6]

　　這對偵察兵來說似乎不是好兆頭；如果你在智識上誠
實，你便不會對每件事都有確定性。幸運的是，正如傑夫・
貝佐斯的例子所表明的那樣，常識並不完全正確。在這一章
中，我們將打破一些關於信心和影響力的迷思，並看看成功
的偵察兵是如何駕馭這種關係。

兩種形式的自信

　　「自信、信心」（confidence）是我們用來表示多種不同

事物的語詞之一，而我們自己卻渾然未覺。一種是「知識自信」（epistemic confidence），或確定性，亦即你對事實的確定程度。這也就是我們在第 6 章中所探討的信心。如果你說：「我 99% 肯定他在說謊」，或「我保證這行得通」，或「共和黨不可能贏」，則你表現出很大的知識自信。

另外，還有「社交自信」（social confidence），或自我保證（self-assurance）：你在社交場合是否感到自在？你是否表現得好像你值得在那裡，好像你對自己和你在團隊中的角色很有信心？你說話時是否表現得值得別人傾聽？

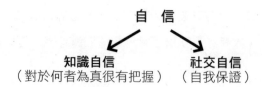

我們傾向於將知識自信和社交自信混為一談，視之為買一送一的優惠套裝組合。我們很容易想像一個人同時擁有這兩種信心，比方說一名領導者用鼓舞人心的精神喊話來鼓舞他的團隊，說他相信他們一定會成功。我們也很容易想像同時缺乏這兩種信心的人，緊張地結巴著：「呃，我真的不知道我們應該在這裡做什麼……」

但是知識自信和社交自信並不需要是一個套裝組合。看看班傑明・富蘭克林（Benjamin Franklin）就知道了。他在社交上充滿了自信（他以迷人、機智和熱情著稱）。他一生都

在結交朋友，創辦新機構。他在法國基本上是一個名人，總是被崇拜他的女人包圍，她們叫他「Cher Papa」（親愛的爸爸）。⑦

　　然而，富蘭克林將他豐富的社交自信，與刻意缺乏知識自信結合起來。這是他從年輕時就開始的做法，因為他注意到，當使用「當然」和「毫無疑問」等堅定語氣的詞彙時，人們更有可能駁回他的論點。因此，富蘭克林訓練自己，盡量避免使用這些表達方式，而改以「我認為……」、「如果我沒有弄錯的話……」或「目前在我看來……」等謹慎的條件來代替陳述。⑧

　　一開始很難堅持這個習慣。富蘭克林年輕時最喜歡的消遣之一，就是證明別人是錯的，這行為今天或會被說成是在爭論中「說倒」（destroying）別人。但這個習慣不久後就變得較容易了，因為他開始注意到，當他溫和地表達自己的意見時，人們會更容易接受。

　　日後，富蘭克林成為美國歷史上最有影響力的人物之一。他共同起草了《獨立宣言》。他說服法國支持美國殖民地反對英國的革命。經由談判，他成功地促成了結束美國獨立戰爭的條約，接著幫忙起草並簽署美國憲法。

　　年老的富蘭克林在其自傳中反思自己的一生，驚嘆於他那慣於「剛剛好的缺乏自信」（modest diffidence）的說話習慣竟如此有效：「由於我正直的性格，拜這個習慣之賜，也因此後來我在提出新制度或改革舊制度時，已在同胞們心中占

有很大的份量。」他總結道。⑨

在第 4 章中，我描述了林肯在他認為別人會更了解的問題上，願意聽從別人的判斷，並說「你是對的，我是錯的」。你可能會認為此舉會讓他顯得缺乏自信，但正如一位他那個年代的人所寫的：「世上沒有人能當著他的面支配他。」⑩那是因為林肯非常自信，對自己感到很自在。而且當他說話時，他可以吸引觀眾幾個小時的全神貫注。

基於社交或知識自信評斷你

富蘭克林和林肯的經歷說明了，當涉及你給別人的印象時，自信遠比表達肯定更重要，研究也證實這一點。

在一項研究中，大學生以小組的形式合作，研究人員則將他們的互動情形錄影記錄。⑪之後，研究人員將整個影片看過一遍，並對每位學生在知識自信（例如，他們有多少次聲稱對自己的評估感到有把握？）和社交自信（例如，他們參與討論的程度如何？他們看起來平靜且放鬆嗎？）的各方面行為進行編碼。

接著，研究人員播放這些影片給其他人看，並問他們：「在你看來，這些學生的能力如何？」學生們得到的能力評分，顯然基於他們表現出的社交自信程度。學生若能越多參與談話，運用可靠的語氣和放鬆的舉止，則看起來就越能幹。

行為線索	觀察者認為的能力程度
說話時間百分比	0.59**
自信且真實的語調	0.54**
提供與問題相關的資訊	0.51**
外放的身體語言	0.37**
平靜放鬆的舉止	0.34**
人後發言	0.24*
搶先發言	0.21*
估計中的確定性陳述	0.21*
關於任務難易度的陳述	0.18
對自己能力的陳述	0.09

（左側標註：上方七項為「社交自信」，下方三項為「知識自信」）

上表改寫自 C. ANDERSON ET AL. (2012)，第 10 頁表 2
* 代表結果顯著性 P<0.05
** 代表結果顯著性 P<0.01

相較之下，學生的知識自信幾乎無關緊要。他們對自己答案的確定程度、任務對他們來說有多容易，或者他們在該任務中有多稱職等陳述幾乎不重要，或者根本不重要。

　　其他研究人員則是雇用受過訓的女演員來研究這個問題，讓他們嘗試不同的組合，分別是：高和低社交自信，以及高和低知識自信，看看每個因素之間會有多大不同。[12]最後得到相似的結果。參與者判斷一個女演員是否「自信」，在很大程度上取決於她的社交暗示，例如眼神交流、說話平

穩，以及使用果斷的手勢。而至於女演員談話間究竟是帶有高確定性的論述（「我肯定……」）還是低確定性的（「我認為也許……」），這兩種說法的區別並不大。

　　人們有時會抱怨，像姿勢和說話聲音這樣「膚淺」的東西，在我們評價他人時占了太過重要的角色。但好的一面是，這意味著塑造出有能力的樣子並不需要自我欺騙。你可以藉由多多練習在小組中發言、聘請演講教練、穿著得體，以及改善你的身體語言，來提高社交自信，所有這些都不會有損於你看清事物的能力。

　　亞馬遜的創立就是一個很好的例子，足以說明社交自信優先於知識自信。1996 年春天，亞馬遜迎來了重大轉機。當時，凱鵬華盈（Kleiner Perkins Caufield & Byers，簡稱 KPCB）合夥人約翰・杜爾（John Doerr）前來拜訪亞馬遜。凱鵬華盈是矽谷最負盛名的風險投資公司之一，現在更名為 Kleiner Perkins。杜爾在會議上對亞馬遜印象極為深刻，散會後便準備投資。更棒的是，一位知名風險投資家對亞馬遜的興趣，遂引發了一場競買大戰，將亞馬遜的估值從 1000 萬美元提高到 6,000 萬美元。

　　那麼，到底是什麼說服杜爾投資亞馬遜呢？套用他的話解釋：「我一進門，就看到這個渾身散發活力的傢伙喧鬧大笑著跳下台階。在那一刻，我就想和傑夫做生意。」[13]

兩種不確定性

　　如果醫生表示不確定，病人會作何反應？有些研究已經針對該問題進行調查，並得出了非常不同的結論。一些研究發現，病人對不確定性有負面反應，認為這是無能的表現。其他研究則發現，病人似乎並不介意，甚至還很喜歡聽到醫生表達出不確定的樣子。

　　這些相互矛盾的結果似乎很難以理解，除非你更仔細觀察每項研究所測試的內容。在那些發現病人聽到醫生說不確定時會產生負面反應的研究中，「不確定」指的是這樣的陳述：

　　我的意思是，我真的不知道該怎麼解釋。

　　我以前從沒遇過這個問題。

　　我不太確定你頭痛的原因是什麼。[14]

　　與此同時，在發現患者對醫生的不確定產生正面反應的研究中，「不確定」指的是這樣的陳述（來自臨床醫生討論乳癌的風險因素）：

　　有關母乳哺育的證據相當薄弱。但有一個決定性因素，也更強一點，那就是第一次懷孕的年齡。但你知道，就像所有事情一樣，都是有取捨的。這只是一個很弱的決定因素。

你有兩個一等親和一個姨媽得病，所以這肯定會把你放在一個更高的風險類別⋯⋯到底有多高並不好說，可能在五分之一到十分之一之間。[15]

這顯然是兩種截然不同的不確定性。人們很難責怪第一組的病人延遲治療。如果有個醫生說：「我不知道這是什麼引起的。」那就有理由懷疑是否有一個更好、更有經驗的醫生能為你診斷。然而，在第二組中，醫生聽起來很專業，即使他給出了一個不確定的診斷。但他確實提供有用的背景資訊，例如第一次懷孕的年齡，會是一個比母乳哺育更大的風險因素；同時也給出有價值的估計，例如「可能在五分之一到十分之一之間」，而不是簡單地回說不知道。

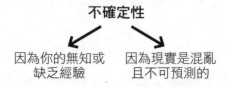

不確定性

因為你的無知或　　因為現實是混亂
缺乏經驗　　　　　且不可預測的

當人們聲稱「坦承自己不確定」會讓你看起來很糟時，他們總是將這兩種截然不同的不確定性混為一談：「你自身」的不確定性，是由於你的無知或缺乏經驗所造成；「世界」的不確定性，則是由於現實是混亂且不可預測的這一事實所造成。前者通常被視為一個人的專業技能不夠，這是有道理的。但後者並非如此，尤其是如果你遵循以下三條關於傳遞不確定性的規則：

規則1：證明不確定性是合理的

　　有時候，你的聽眾不會意識到你所談論的話題在「世界上」存在多少不確定性，他們會期望你能提供比實際情況更確定的答案。這無所謂；你只需要設定他們的期望。還記得1999年，傑夫‧貝佐斯曾警告CNBC來訪的一位記者說，沒有人能保證亞馬遜會成功嗎？與此同時，他客觀合理地提出警告，指出儘管網路革命將催生一些大公司，但很難預先預測會是哪些公司。他用不遠的過去所發生的一個例子，來闡述不可預測性原則：「如果你回頭看看1980年那些由個人電腦革命創造出來的公司，你當時可能不會預測到五大贏家。」[16]

　　事實上，如果你能證明確定性並不實際，你會比那些以百分之百肯定的語氣陳述一切的人更有說服力。當律師第一次會見潛在客戶時，客戶總是問他們，自己最終能獲得多少錢。對律師來說，給出一個自信、樂觀的預估是很誘人的，但現實是，他還沒有足夠的資訊來進行調查。相反的，《頂尖律師的想法》（*How Leading Lawyers Think*，中文書名暫譯）一書中所採訪的一位檢察官表示，在這種情況下，「我會告訴他們：『任何回答這個問題的律師若不是在騙你，就是不知道自己在做什麼，你應該趕緊逃跑。』」[17]

規則2：提供有價值的估計

馬修‧雷奇（Matthew Leitch）是一名英國顧問，曾在普華永道（PricewaterhouseCoopers）從事風險管理工作。在他的網站「在不確定的環境中工作」（Working in Uncertainty），他描述自己學到了在向客戶傳達不確定訊息時，如何還能贏得尊重。一個教訓：提供有價值的估計，並解釋其來源。比方說，他可能會告訴客戶：「這沒有可靠的數據，所以我擷取自三位資深行銷經理的估計平均值，」或「一項針對120家與我們類似的公司所進行的調查顯示，有23%的公司經歷過這樣的事件。」[18]

即使現實是混亂的，以至於你沒辦法有自信地提供正確答案，但你至少可以對你的分析有信心。有位風險投資家描述他所見過最好的宣傳會，來自一位名叫邁克‧貝克（Mike Baker）的年輕企業家：

邁克對網路廣告行業進行了深思熟慮的診斷，並根據自己的經驗和大量數據描繪出未來的發展前景……他非常清晰地描述道：「如果我是對的，這將會極其有價值。我有可能是錯的，這就是風險所在，但如果我是對的，我可以執行它，我了解這項技術，我有一長串合適的合作夥伴可供利用。」[19]

你並不需要誇大你對一個既定話題的確定性，才能證明

你對該話題非常熟悉、準備充分。我先前引用風險投資家約翰·杜爾的話說，當他看到傑夫·貝佐斯「跳下台階」，就想投資亞馬遜，但這當然不是故事的全部。貝佐斯對科技的精通與熟練，也讓他留下深刻的印象。當他詢問亞馬遜的每日交易量時，貝佐斯敲了幾下鍵盤就找到答案，這讓杜爾「欣喜若狂」（swooned）。[20]

規則3：制定計畫

人們不喜歡不確定性的原因之一是，他們會因此不知所措，不知如何行動。藉由將不確定的意見與計畫或建議相結合，可有助於緩解這個問題。

如果你是醫生，這可能意味著幫助你的病人在不確定的情況下決定哪種治療方法對他最有效，或者向他保證你會繼續密切關注他的病情。如果你是顧問，制定計畫可能包括設計一項測試，以更精確地確定一些關鍵因素，或者提出一個多階段計畫，以容許偶爾重新評估。

如果你是企業家，制定計畫意味著能夠為你即將要做的事情提出強有力的理由，從而使你的生意成為一個好的賭注：一個你有信心執行，而其他人也有信心投資的賭注，即便不能保證成功。傑夫·貝佐斯在1999年接受CNBC採訪時，他先是坦誠亞馬遜有其風險，然後繼續解釋為什麼它仍是一個值得承擔的風險：

這是非常非常難以預測的。但我相信，如果你夠關注於客戶體驗、選擇、易用性、低價，以及提供更多幫助做出購買決定的資訊；如果你能給客戶上述所有，再加上優質的客戶服務……**我認為你的機會很大**。而這就是我們目前正在努力執行的。[21]

無須為鼓舞別人而承諾

我有個朋友最近開了一家公司，專門開發應用程式來幫助抑鬱症和焦慮症患者。他是一名概率思考者，努力實現精準校準，而他也不會忽視一家新公司面臨的巨大風險。我問他是否因為他的現實主義觀點，而難以讓員工或投資者感到振奮。他回答說：「不，你可以用很多方法讓人精神一振，你不需要藉由說謊或對成功的機會太有把握來讓他們感到振奮。」

你可以設定深具野心的目標。你可以生動地描繪出你想要創造的世界。你可以發自內心地說出你個人為什麼關心這個議題。當我的朋友談論他的公司時，他喜歡分享那些與心理健康搏鬥的人因為他的應用程式而獲得幫助的真實故事。所有這些事情都可以鼓舞人心，而且都不需要你做出不切實際的聲明。

在 YouTube 上，有一個關於早期傑夫·貝佐斯受訪的罕

見影片，那是在 1997 年，大約是他創立亞馬遜一年之後。（由採訪者問貝佐斯的第一個問題「那麼，你是誰？」就可知道這訪問年代有多早了）當貝佐斯津津樂道地談論他對網際網路商務的未來願景時，很容易就能理解，投資者為什麼會覺得他的興奮具有感染力：

我的意思是，這真是難以置信……這是第一天。這只是一個開始。這是電子商務的小鷹階段。在 20 世紀末，我們有很多不同的領域都在往前進，很多不同的公司也在前進。這是活著的大好時光，你知道嗎？……我想一千年後，當人們回顧過往，會說：「哇，20 世紀末對於生活在這個星球上來說，真是個偉大的時代。」[22]

這是一場傳遞願景的演講。堅信。熱情。而且，貝佐斯也不必假裝自己的新創公司是穩賺不賠的生意，甚至不需要假裝它成功的可能性超過 50%。

投資者湯姆・阿爾伯格（Tom Alberg）聽了貝佐斯的宣傳推銷後，與一位朋友討論過，然後決定自己出資 5 萬美元。他說：「這很危險，但傑夫是認真的。他顯然是個聰明人。他對此非常有熱情。」[23]

在這一章中，我們討論了三個關鍵的影響力原則，而不需要過度自信：

　　首先，你不需要為了顯得很有自信和有能力，而百分百確定自己的觀點。人們不太注意你表達出多少知識自信。他們關注的是你的行為方式、你的肢體語言、語氣，以及你社交自信的其他層面，所有這些都是你可以在不犧牲你的校準度之下培養的東西。

　　第二，表達出不確定性不一定是壞事。這取決於不確定性是出在「你身上」還是「世界上」。如果你能證明你對這個話題有很強的掌控力，並且能輕鬆自在地說出你的分析和計畫，你會更像一個專家，而不是相反。

　　第三，你可以在不誇大其詞的情況下鼓舞人心。你可以描繪出你想要創造的世界，或者你的使命何以重要的原因，或者你的產品如何幫助了人們，而不必聲稱保證會成功。有很多方法可以讓人們感到振奮，而且不需要你對別人或自己撒謊。

　　第三部這三章的總體主題就是：**無論你的目標是什麼，都可能有一種不需要你相信錯誤事物就能實現的方法**。從現在開始，每當你聽到有人說你需要自我欺騙，才能獲得快樂、動力或影響力，你都應該揚起懷疑的眉毛。任何目標都有多種達成途徑，有些涉及到自我欺騙，有些則否。要找到後者可能需要更多的謹慎和練習，但從長遠來看，這是值得的。

　　這裡有一個比擬：假設有惡霸不斷威脅要揍你，拿走你的午餐錢。你可能認為你的選擇是 (1) 付錢，或者 (2) 被揍。如此一來，乖乖交出錢也許是對的。只需要幾美元；這總比

被打出黑眼圈要好吧？

　　但如果你把眼光放遠，從長遠來看，你就不太清楚每次都把錢交出來是不是你的最佳選擇。相反的，你可以學習打架。或者你可以設計出一個巧妙的辦法讓惡霸被當場抓住。你可以找到一種方式來改變課堂，甚至學校。有很多方法可以改變你正在玩的遊戲，如此你就可以做出更好的選擇，而不是簡單地順從選擇當下擺在你面前、最不壞的選擇。

　　在偵察心態和士兵心態之間的取捨問題上，我們也處於類似的境地。在這種情況下，我們必須犧牲一些看清事物的能力，否則我們的自尊、動機、舒適感等都會受到打擊。你可以接受這些條件，然後說：「好吧，不如就把錢給你，然後犧牲點準確性，因為這是值得的。」或者你可以說：「不，我不接受這些條件。」然後想辦法讓自己看起來不錯，感覺也不錯，同時盡可能準確地看到現實。

PART 4

改變慣性思維

10

學會如何犯錯

出錯不代表做錯事，當它是漸進式更新與修正，實事求
是。

政治科學家菲利普・泰特洛克（Philip Tetlock）花了近 20
年的時間來衡量人們預測全球事件的能力。結果令人失望，
即使是所謂的專家預測也只勉強比隨機的可能性好一些。或
就像泰特洛克著名的論述：「一般專家的精確度大概和擲飛
標的黑猩猩相同。」[①]

不過也有例外，一小部分人被證明是具有預測全球事件
的真正能力。這些事件像是「穆斯林兄弟會能否贏得埃及大
選？」或是「2013 年在南中國海（South China Sea）會發生暴
力事件，並造成至少一人死亡嗎？」。泰特洛克稱他們為「超
級預測員」。

在由美國情報界分支的情報高等研究計畫活動署

（Intelligence Advanced Research Projects Activity，簡稱 IARPA）
所贊助的預測比賽中，超級預測員以高達 70% 的差距輕而易
舉地擊敗了頂尖大學的教授團隊。[2]實際上，超級預測員的
表現比其他所有人都要好得多，儘管最初計畫賽事為每四年
舉辦一次，IARPA 僅在兩年後就排除了其他隊伍。

　　是什麼原因使超級預測員的表現如此出色？

　　他們並非比其他任何人都更聰明，也沒有比別人擁有更
多的知識或經驗。超級預測員大多是業餘愛好者，表現卻甚
至贏過擁有多年經驗優勢的中央情報局（CIA）專業分析師，
更不用說這些專業分析師擁有與預測題目相關機密訊息的取
得權限。僅靠著 Google 搜尋，超級預測員的表現就勝過中央
情報局高達 30%。

　　**超級預測員之所以如此擅長精準地預測，是因為他們善
於犯錯。**

漸進改變你的想法

　　超級預測員不斷地在改變想法。他們的想法並非每天劇
烈地 180 度反轉，而是在獲得新資訊後進行細微地修正。得
分最高的超級預測員是位名叫提姆・明托（Tim Minto）的軟
體工程師，他在單一件預測中通常會改變主意至少 12 次，有
時會多達 40 或 50 次。下方是明托對於「截至 2014 年 4 月 1 日，

> 超級預測員更新想法的模式，改編自泰特洛克（Tetlock）
> 和賈德納（Gardner）2015 年的研究，第 167 頁。

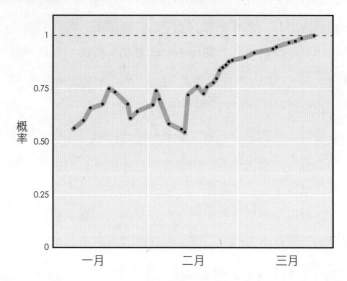

聯合國難民署所提供的已登記敘利亞難民數，將會不足 260
萬人」這個主張的信心進展圖表。每個點代表明托在三個月
內修改預測的時間點。他在前進時會修正自己的航向，就像
船長駕駛船一樣。

　　你或許已經可以接受在某些情況下逐步改變想法的概
念。提交工作申請書時，你可能會覺得最終獲得工作機會的
可能性是 5%。在來電預約現場的工作面試後，預測值可能上
升到 10%。面試的過程當中，如果你覺得自己的表現極佳，
得到工作的信心可能會提高至 30%。如果在面試後兩週都沒

有收到回覆，你的信心可能會掉回到 20%。

　　較為罕見的是對別人的政治觀點、道德或其他具爭議性的話題進行預測。多年來，傑瑞・泰勒（Jerry Taylor）是美國主要的氣候變遷懷疑論者之一。他曾在自由主義者的智囊機構卡托研究所（Cato Institute）工作，也上脫口秀節目賺了不少錢，並向大眾保證，人類對氣候變遷的擔憂太過小題大作。

　　泰勒所持懷疑論的第一個破口，發生在他與著名的氣候變遷倡導者喬・羅姆（Joe Romm）一同參與電視辯論之後。[③]在與羅姆辯論的過程中，泰勒重複了他的主要論點之一：「全球暖化的速度遠比災難預言家的預期還慢。與 1988 年向國會提交的最初預測相比，地球根本沒有變暖多少。」

　　錄影結束後，羅姆在後台指責泰勒扭曲事實，並挑戰泰勒親自查證證詞。泰勒接受了挑戰，並預期會獲得清白。但讓他震驚的是，原來喬才是對的。1988 年的預測比泰勒所意識到的更接近事實。

　　一位受人尊敬的氣候懷疑論科學家之前曾告訴泰勒，他一定是遺漏了些什麼。因此，泰勒回去找了科學家，指出問題所在，並問道：「這是怎麼一回事？」令泰勒感到沮喪的是，這位科學家還沒有找到一個好的答案，他猶豫不決長達 20 分鐘，直到泰勒終於意識到這位他信任的人只是「故意且有意地扭曲辯論」。這令他震驚不已。

　　從那之後，每當氣候懷疑論者引用某項內容時，泰勒都會追蹤其出處。一次又一次的，他發現自己對這項研究的質

量感到失望。他仍然認為，整體上懷疑主義者的陳述比行動主義者的敘述更具說服力，但泰勒對此漸漸地變得越來越沒有自信。

　　經常改變主意，尤其是關於重要的信念，可能聽起來在精神上和情感上都是滿費力氣的，但就某方面來說，壓力要比其他方法來得小。如果以二元非黑即白的思維來看世界，當遇到證據與你其中之一的信念是對立時會怎麼樣？會有很高的風險，你必須找到屏棄證據的方法，因為如果無法這麼做，你的整個信念就處在危險之中。

　　相反地，如果以灰色的陰影來看這個世界，並認為「改變想法」是一種漸進式的轉變，那麼當遇到證據與其中一個信念為對立時的體驗就會大不相同。如果你有 80% 確信移民對經濟有益處，而當研究顯示移民會降低薪資時，你可以調降對這個信念的信心到 70%。

　　稍後可能會發現這個研究是有缺陷的，或可能有近一步的證據出現，表示移民以其他的方式促進了經濟發展，而你對此信念的信心可能又回到 80% 或甚至更高。或者，你也可能發現其他不利於移民的證據，使你漸漸失去信心，甚至進一步降低到 70% 以下。無論哪種狀況，每次調整都面臨相對較低的風險。

認清錯誤有助正確決策

　　當世界違反期望時，大多數人的反應是問自己：「我能相信自己還是正確的嗎？」多數情況下的答案是：「當然可以。」

　　自 1980 年代開始研究預測以來，泰特洛克聽過數百種對於預測失敗的辯解，並歸類成七個信念的防禦系統。他稱其中之一為「**我幾乎是正確的**」。^④喬治·布希（George W. Bush）贏得 2000 年美國總統大選後，許多自信地預測對手艾爾·高爾（Al Gore）會獲勝的人堅信，如果情況稍有不同，他們的預測將會是正確的：如果高爾是更好的辯論者；如果選舉晚幾天舉行；如果第三方候選人沒有那麼固執。[*]

　　超級預測員與其所犯的錯誤間有著截然不同的關係。當他們的預測與目標大相逕庭時，如果是預期某件事很可能會發生卻沒有發生，或是預測某件事不太可能發生但卻發生了，他們會回頭重新評估流程，並問道：「這將如何幫助我做出更好的預測？」以下是一個例子。

　　日本的靖國神社是個頗具爭議性的地方。一方面，這裡供奉許多過去戰死的軍人將士；另一方面，此處也祭祀上千名二戰戰犯。政治人物參訪靖國神社會被認為是外交上的失

---

[*]　確實如第 6 章裡所述，即使是訓練有素的預測員，對自己非常有自信的預測有時也會出錯。但典型過分自信的預報員，他們的犯錯次數要比他們自己想像的多得多。

禮，對過去曾遭受日本軍隊荼毒的中國和韓國等其他國家來
說是打了一記耳光。

　　IARPA 在 2013 年的預測題目之一是「日本首相安倍晉三
會在今年訪問靖國神社嗎？」曾經有傳言說安倍計畫造訪，
但名叫比爾・弗拉克（Bill Flack）的超級預測員並不這麼認
為。從外交上來講，安倍做如同搬石頭砸自己腳如此無實質
利益的事並不合理。但謠言卻是真的。比爾問自己為什麼會
預測錯誤，然後意識到：「我想我真正回答的問題並不是『安
倍會參訪靖國神社嗎？』而是『如果我是日本首相，我會訪
問靖國神社嗎？』」[5]

　　這也是另一個何以超級預測員更樂於思考自己所犯錯誤
的原因，因為他們知道**分析錯誤是磨練技術的機會**。諸如「不
要臆斷世界領袖會與你做出同樣的反應」之類的教訓就如同
能力的提升，將思想的武器庫存升級，使你更聰明地前進。
超級預測員在比賽開始時就比其他人有更高的準確性，他們
的領先優勢也隨著時間的推移而增加。超級預測員的平均準
確率每年增加約 25%；與此同時，其他的預測員並沒有任何
進步。[6]

從通用領域的經驗中學習

　　還記得貝瑟妮・布魯克希爾嗎？她是在第 4 章中提過的

記者，她在推特上說，男科學家比較可能稱呼她為「女士」，而女科學家則比較可能稱呼她為「博士」。但在核對事實與自己的說法後，她發現並不相符。貝瑟妮選擇查證自己的陳述是值得讚揚的，即使不這麼做可能也無傷大雅。然而，這麼做有幫助嗎？

當預測員意識到錯誤時，這可以幫助他做更好的預測；當投資者發現自己犯錯時，這可以幫助他進行更好的投資。然而，就貝瑟妮的例子來說，這個差錯似乎與在任何特定領域中能否精進判斷力並沒有關連。因此，乍看之下，「貝瑟妮注意到自己的錯誤是有幫助的嗎？」這個問題的答案可能是否定的。

然而，這將會錯失因為注意到錯誤而獲得的一個最大好處：**增進整體判斷力的機會**。當貝瑟妮意識到自己錯了的時候，她問自己為什麼，並鎖定兩個可能的罪魁禍首。[7]一個是**確認偏誤**，貝瑟妮意識到：「我對男性有預設想法，認為他們在電子郵件中不會像其他女性那般尊重我。且我只記得支持這個陳述的觀察，卻完全忘記證據顯示我的看法是錯誤的。」另一個則是**近因偏差**（recency bias），她總結道：「我更加重視最近觀察到的事情，而忘記了過去觀察到的現象。」

這些教訓不僅與預測電子郵件中的性別偏見有關，它們還是**通用領域**（domain-general），也就是說可以應用於廣泛種類的不同領域，與僅適用於單一領域的**特定領域**（domain-specific）經驗相反，例如政治預測或投資。通用領域的經驗

是關於世界如何運轉或大腦如何運作，以及可能影響判斷力的各種偏見。舉例來說：

> 我們容易被精選出最有利的證據所欺騙。
>
> 如果有人說了些愚蠢的話，我可能也會誤解他們。
>
> 即使有把握，但還是有一定程度的機會出錯。

你可能會覺得這些原則聽起來很淺顯，而且你都已經知道了。然而，「知道」一個原則，讀懂並說「是的，我知道這一點」的程度，和理解內化並實際改變想法是不一樣的。在貝瑟妮發出這篇爆紅的貼文之前，她已經知道確認偏誤和近因偏差。她是一位科學記者，她讀過關於偏見的文章，也知道自己像所有人一樣容易受偏見影響。但直到通過親身經歷發現自己錯了、自問為什麼，並觀察到偏見的影響力，才真正學習並內化這個知識。

即使你錯估隨機或瑣碎的事情，仍然可以從中獲得通用且有益的教訓。青少年時，我看了幾集的《蝙蝠俠》（*Batman*），一部 1960 年代後期的美國電視節目。這是一個做作且誇張的節目，成年男子穿著緊身連衣褲四處奔跑，大喊著「神聖的 ravioli（義大利餃），蝙蝠俠！」之類的東西。然而，我認為這原意是給 60 年代的觀眾一個嚴肅的冒險節目，我覺得這些觀眾就是太單純以至於沒有意識到這節目有多麼愚蠢。當我後來發現我錯了，「蝙蝠俠」一直都被認為

是個娘娘腔，我大吃一驚。從那時候起，這個通用領域的教訓深植我心：「啊……也許我太快假設別人是傻子。」

到目前為止，在本章中我們探討了偵察兵與大多數人看待錯誤的兩種不同方式。首先，他們會隨著時間的推移逐步修改自己的觀點，使他們更容易接受與他們信念相左的證據。其次，他們將錯誤視為磨練預測精準度的機會，這使得意識到「我錯了」的經驗是寶貴的而不是痛苦的。

還有另一個關於錯誤的觀點值得一提，就是從根本上不同的方式去思考犯錯是什麼意思。

「認錯」和「更新」

我的朋友安德魯因為他的一個同事指責他從未承認自己的錯誤而感到驚訝。作為回應，安德魯指出近期的兩次犯錯，自己都有迅速承認，且都是在這同一位同事的見證之下。

這位同事，我稱他為馬克，反倒覺得吃驚。他回應道：「我想他說的沒錯，但為什麼我會有相反的印象？」馬克沉默了一分鐘，反思自己。然後說道：「你懂的……我想是因為你從不為此感到不好意思。你太就事論事，幾乎沒有讓我對你承認錯誤留下印象。」

確實如此，我曾目睹安德魯多次承認自己錯了，通常他

是這樣說：「啊，是的，你是對的。請忽略我之前說的話，我現在不再那麼認為了。」如此開朗、直率、冷靜。

馬克的隱含設想是，改變想法是謙卑的。說「我錯了」等同於說「我搞砸了」，帶有懊悔和難為情的懺悔心情。確實，這是對犯錯的標準看法。即使是我的啦啦隊夥伴要改變一個人的心意時也會說：「承認自己錯了是沒有關係的！」儘管我欣賞這個建議的意圖，但不確定這能使事情變得更好。承認這一詞聽起來像是說你搞砸了，但應該被原諒，因為人都會犯錯。並沒有質疑犯錯就是搞砸了的前提。

偵察兵否決這個前提。接受到新訊息且得出新結論，並不代表過去不同的看法是錯誤的。會感到懊悔的唯一原因是，你是否有任何的疏忽大意。錯誤是否來自於遵循了本來應該發現有問題的流程？你是有意的盲目、固執，還是粗心？

有時候這些問題的答案是肯定的。我曾經為一位公眾人物辯護，當時我以為評論者斷章取義他所說的話，而使他招人非議。當我終於抽出時間看受訪者的抱怨，我領悟到：「喔，等等⋯⋯這些評論者準確地表達了這位公眾人物所說的話。」我不得不退一步，並感到有些難為情，因為我確實明白不應該未先經過查證就替他人辯護。我之前就是太馬虎了。

但是在多數情況下，**出錯並不意味做錯事**。這不是需要道歉的事情，對此該採取的適當態度既不是防衛也不是自我

撻伐，而是實事求是。

　　即便是偵察兵所用來描述錯誤的語言也反映出這個態度。有時偵察兵所探討的是「更新」，而不是「承認錯誤」。這是引用自機率理論裡的一個術語：**貝氏修正**（Bayesian updating），在取得新訊息後修正機率的正確方式。人們口語使用「更新」一詞的方式並不十分精確，但仍然蘊含了根據新的證據和論點而修改信念的精神。以下是一些部落客相關的例子：

◆ 一個標題為「幼兒園：我錯了」的貼文中，精神科醫生斯科特·亞歷山大（Scott Alexander）表示在獲悉證據後，他對於學前教育計畫，如啟蒙計畫的長期利益變得比較樂觀。他說：「我不記得是否曾經寫過關於啟蒙計畫是如何沒用的文章，但我絕對有這麼想過，得知全然不是這麼一回事對我來說是個很大的更新。」[8]

◆ 研究員巴克·施萊格里斯（Buck Shlegeris）描述遭受嚴厲批評的經歷，並說：「我起初對他們批評的方向做了相當多的更新，在花了十幾個小時思考及與其他人討論之後，僅只更新了最初觀點的 70%。」[9]

◆ 程式設計師兼專案經理德汶·祖格爾（Devon Zuegel）鼓勵讀者不要將她的部落格文章視為永久的觀點，應該視其為截取自正在更新的一連串想法。[10]

沒有必要非得這麼說，但是如果你開始思考「更新」而不是「承認錯誤」，你可能會發現這個過程需要經歷很多摩擦。更新是例行且低調的，是過度認錯的對立面。**更新使得事情變得更好或是更符合現況，並沒有暗示在這之前的形式是失敗的。**

埃米特・希爾（Emmett Shear）是價值數十億美元的電玩直播平台「Twitch」首席執行長和共同創辦人。他曾經為了承認自己的錯誤而苦苦掙扎，認錯對他來說是對自尊心的痛擊。隨著時間的流逝，他越來越擅長認知自己的錯誤，並非因為他變得溫柔謙遜，而是意識到犯錯並非天生的失敗。他告訴我：「隨著年齡的增長，我變得越來越容易犯錯。甚至不算是錯誤，只是更新而已：『我學到了新東西……這有什麼問題嗎？』」

不改變想法，你就錯了

大衛・科曼海迪（David Coman-Hidy）是人道聯盟（Humane League）的負責人，該組織被稱為美國最重要的動物權利組織之一。[11] 人道聯盟的與眾不同之處，在於他們始終堅信自己至少都會犯一點錯誤。每當有新員工加入該組織時，科曼海迪都會告訴他們這個組織不是任何特定「類型」的行動主義者，他們不致力於任何特定的鬥爭、項目或是戰術方法。

他們的任務是追蹤證據，盡一切可能地執行最有效果的建議來幫助動物。科曼海迪說：「如果我們在五年內沒能做和現在完全不同的事情，那我們就失敗了。一定有比我們現在所做的事還要更好的事情，我們的目標就是要找到它。」

有時，這意味著從一種策略或原因切換到另一種策略或原因。在成立初期，人道聯盟專注於浮華的示威活動，例如：糾察那些參與動物試驗的科學家的住處。但他們發現這種策略太過格格不入以至於沒有效果，即使在最佳的狀況下所能拯救的動物數量也不是太多。這就是為何他們最終將焦點從實驗室動物轉移到農場動物，並說服聯合利華（Unilever，它供應了美國 95% 的雞蛋）同意停止扼殺雄性小雞。要知道，此行業的標準做法是將新生的雄性小雞丟入絞肉機，因為牠們無法下蛋。結果，數十億隻雞從痛苦的死亡中被拯救出來。

有時，人道聯盟遵循證據的承諾意味著放棄無效用的措施，即便已經對此措施付出很多努力。2014 年，他們在名為「無肉星期一」的計畫中看到了令人興奮的初步結果，大型學校每週有一天會將葷食從食堂菜單上去掉。根據初期的結果，他們花了四個月的時間將大部分的組織資源投入到說服全國各地的學校來參與「無肉星期一」。不幸的是，後續的研究顯示，如果沒有大量持續的支持（聘用廚師，舉辦培訓計畫等），這個計畫就無法成功，而他們也沒有能力提供足夠的支持。當意識到這畢竟不是個具有成本效益的策略時，人道聯盟只好說：「好的，大家表現得很好……但停止目前

的工作，我們要回到之前的工作。」

知道自己容易犯錯並不能神奇地防止錯誤，但這確實可以讓你及早並經常性地設定期望值，在出錯時更容易接受錯誤。科曼海迪說：「我的直覺是，如果你不斷地提及這些偏見：我們總認為自己是對的、自己做的是最好且最重要的事……當不可避免地出現更好的事情時，會更容易接受。因為你已經替自己接種了「害怕成為次優」的預防針好一段時間。」

希望本章有助於讓你免於犯錯的「恐懼」，並對錯誤抱持新的態度。發現自己的錯誤是一種更新，而非失敗，你的世界觀是一份尚未定稿、需要修改的文件。在下一章中，我們將探討改變想法的另一個關鍵面向。現在，既然你已安於犯錯，那麼是時候安於接受困惑了。

山坡上的浣熊。

11

保持好奇和困惑

別認為他人不按你認可的方式行事就是不理智。

花點時間看一下上頁的照片。去吧，我等你。

……現在你回來了，我有一個問題：那場景對你來說合理嗎？如果你不知道為什麼我這麼問，回去再看一眼，再看仔細一點。*

也許你與我和其他人第一次看到這張照片的經驗些許相似。你最初這麼覺得：「好，這是兩隻浣熊在山坡上，牠們上頭是天空。」但隨後，圖片的右側會引起你的注意：「那是一個……岩石？在空中？」

你可能會想：「有人扔了一塊石頭，但還沒有落地。」但在內心深處，你無法被這個解釋完全說服。不太合理，但

---

* 左側那隻浣熊的臉上「沒有面具」與我所要暗示之處無關。無面具只是浣熊偶爾會出現的特徵。

還有什麼其他的可能性？片刻後，你會注意到另一個奇怪的細節，更不易察覺的地方：「岩石側邊的那條細白線是什麼？」

然後，突然間一切都變得合理了：「那不是天空。是水，倒映著天空。岩石不是懸在半空中，而是矗立在水面。我們也不是朝山坡上看浣熊，而是往下看牠們。」

我們改變想法的能力取決於當世界與你期望相互矛盾時，你是如何反應。有時，就像看待這張浣熊照片，我們會感到好奇，並開始重新思索我們對正在發生的事物的看法。

然而，更多時候，對於與我們世界觀相衝突的觀察，我們的反應是給予解釋。相信「沒有人喜歡我」的人，可能會對同事的社交邀約不予以理會，並解釋道：「他們的邀請是出於同情。」相信「我是個出色的老師」的人，可能會對他們差勁的教師評分這樣解釋：「那是因為學生不喜歡我給分很嚴格。」

某種程度上來說，這種合理化是不可避免的。如果我們不斷質疑自身對現實的看法，我們無法在這世界上運作。然而，在進行動機推論時特別容易過了頭，本應該退後一步，但卻將矛盾的證據過分強加於陳述中，然後說：「等等，我誤解這件事了嗎？」

上述這種現象有個特別悲慘的例子，就發生在第二次世界大戰期間，當時加州州長厄爾‧華倫（Earl Warren）堅

信，日裔美國公民正密謀破壞我們對日戰爭的努力。當華倫得知，到目前為止還沒有證據顯示日裔美國人的陰謀，他找到解釋證據不足的方法，並當作進一步的確證來證實他的懷疑。他說：「我認為這種缺乏證據是我們整個局勢中最不祥的跡象，我相信我們只是陷入虛假的安全感之中。」[①]

本章是關於如何抵制「去除不符合你的理論細節」的衝動，取而代之的是，讓自己對它們感到困惑和好奇，當作是待解的難題，就像浣熊照片中神祕的浮石一樣。接下來的內容將介紹一系列案例研究，其中陳述的世界並不像人們預期的那樣行事，讓我們看看好奇心可以帶來哪些不同。

案例 1：孔雀尾巴的謎題

「每當凝視孔雀尾巴上大量的羽毛時，都令我感到噁心！」[②]

查爾斯・達爾文在 1860 年寫給朋友的信中寫下了這句話。自他發表《物種起源》以來已過一年，而他也陷入對於他的進化論激烈的國際辯論中。他說看到孔雀尾巴會感覺不適只是半開玩笑而已。那些羽毛雖然很漂亮，但對他數十年來發展的理論和他的專業聲譽都構成了直接的威脅。

達爾文的物競天擇進化論認為，有助於動物生存的特徵將傳給後代，那些對生存無濟於事的特徵則將逐漸被淘汰。

孔雀的尾巴艷麗而巨大，可高達五英尺。這樣的尾巴只會把鳥壓低，更難逃離掠食者，為什麼牠會進化呢？

達爾文不認為自己是個速度快或能高度分析的思想家，他的記憶力很差，無法跟上漫長的數學論證。然而，達爾文覺得自己以至關重要的長處彌補了這些缺點：**他渴望弄清現實是如何運作**。自從有記憶起，達爾文就被驅使去了解周圍的世界。達爾文遵循他所謂的「黃金法則」來對抗動機推論：

> 每當有發表的事實、新觀點或想法出現，而與我的總體結果相抵觸時，我便要立即對此做一個備忘錄；因為我從經驗中發現，這些相抵觸的事實和想法與贊同的相較，更容易從記憶中逃脫。[3]

因此，即使孔雀的尾巴讓他焦慮，達爾文也無法停止困惑。這怎麼可能與天擇理論相一致？

在幾年內，他找到令人信服的答案的開端。自然淘汰並不是塑造進化的唯一力量。性選擇也是同等的重要。某些特徵（例如：大而艷麗的尾巴），對異性成員尤其具有吸引力。因此，這些特徵隨著時間可能會在一個物種中變得普遍，即使它們可能會傷害動物生存的機率，但卻幫助了動物繁殖的機率。後者可能比前者更為重要。

諷刺的是，使達爾文感到不適又不安的羽毛最終使他的理論變得更牢固。這不是第一次了。當達爾文研究《物種起

源》時，他追蹤所能發現的每一個與他的理論相矛盾的觀察，反覆思考並相應地修改了他的理論。當他完成時，他關於自然選擇的論述是如此可靠且證據充分，儘管這項理論最初曾引發激烈反對，但在十年內，大多數科學機構已確信達爾文是正確的。

案例 2：突如其來的外星人攻擊

在《星際爭霸戰》第一季第 16 集中，星艦企業號（Enterprise）的太空梭剛好墜落在一個敵對的外星球上。史巴克負責指揮，他決定了一個計畫：企業號人員將開火示警，炫耀他們的高級武器，這樣外星人會意識到他們無法匹敵而撤退。

事與願違。外星人反而被企業號的侵略行為激怒，他們反攻並殺死了兩名機組人員。企業號的醫生麥考伊（McCoy）斥責史巴克的失敗計畫：

麥考伊：「好吧，史巴克先生，他們沒有恐懼太長的時間，對嗎？」

史巴克：「這是最不合邏輯的反應。當我們展示我們的高級武器時，他們應該就要逃走了。」

麥考伊：「你的意思是他們應該尊重我們？」

史巴克：「當然！」

麥考伊：「史巴克先生，尊重是理性的過程。你有沒有想過他們可能有情緒上憤怒的反應？」

史巴克：「醫生，我不為他們的不可預測性負責任。」

麥考伊：「他們是完全可以預料的，對任何有感情的人來說。史巴克先生，你最好承認，你寶貴的邏輯使他們對我們失望了！」④

就這樣，看看當你想要嘗試合乎邏輯會發生什麼事？有人死亡。

開個玩笑。史巴克實際上並不合邏輯，根據他的說法，他太執著於人們「應該」如何思考的模型，而沒能注意到人們實際上是如何思考的。這次事件發生之前的幾年中，史巴克應該與其他非瓦肯人（non-Vulcans）有過許多互動，並且有很多機會去注意到他們的行為遵循與他預期不同的規則。為什麼他沒有從這些經驗中學習，並增進預測人們行為的能力？因為當某人的行為違反他的期望時，他會聳聳肩說：「好吧，他們是不合邏輯的」，並且不會試圖去理解這有什麼缺失。

史巴克的反應是我們在上一章中曾學到、泰特洛克的七個信念防禦系統之一的典型例子。之前，我們探討了「我幾乎是正確的」的辯護。此處，史巴克採用泰特洛克所謂的「政治像雲一樣無望」的防禦：當預測者有把握的預測沒有實現時，他們會聳聳肩說類似的話：「好吧，這是無法預測的東

西。」[5]如果這代表對不可知論（agnosticism）的持續更新，那是一回事。但不知為何，當需要進行下一次預測時，預測員再次對他們預測全球政治的能力充滿信心。

如果你想要更好地預測人們的行為，那麼當行為違反預期時，不予以理會絕對是錯誤的回應。史巴克應該對外星人的攻擊決定感到困惑：「我遺漏了什麼？為什麼這種行為對他們來說是合理的？」

實際上，一個國家即使處於劣勢也會選擇進攻，這其中的原因有很多，學者和軍事戰略家對此進行了漫長而艱辛的思索。政治科學家布魯斯·布埃諾·德梅斯基塔（Bruce Bueno de Mesquita）針對 1816 年至 1974 年民族國家之間的衝突進行分類，發現 22% 的衝突是弱國攻擊強國的情況。[6]在某些情況下，實力較弱的一方只會危在旦夕；在其他狀況下，他們指望盟國予以支持。甚至還有「瘋子」策略：表現得自己像是個無法預測的演員、沒有自我保護的本能，希望敵人認為跟你打架太過冒險。了解這些因素可以使你為將來的攻擊或措手不及的危險做好準備。

案例 3：非理性談判者的祕密

說那個故事並不是要藉口再次挑剔史巴克。（嗯，不僅是為了這個原因。）人會直覺地去論斷別人的行為是愚蠢、

非理性或瘋狂是很常見的事，這也表示你缺乏某些東西的徵
兆。最優秀的談判專家都強調這一點：別馬上把對方當作瘋
子。當他們的行為使你感到困惑時，不妨向這個疑惑靠近，
將它視為線索。你將經常發現它會引導你找到解決協商所需
的訊息。

　　談判專家麥斯・貝澤曼（Max Bazerman）和哈佛商學院
的狄帕克・馬哈特拉（Deepak Malhotra）在他們的著作《哈佛
商學院的雙贏談判課》（Negotiation Genius）中描述，某執行
長的公司遭到不滿的前僱員起訴的案件。這位前僱員聲稱，
該公司積欠他在被解僱前所賺的 130,000 美元佣金。經過運算
後，公司發現是該員工弄錯了，並向他發送分析報告，表明
沒有積欠任何錢，但該員工仍然拒絕放棄訴訟。

　　該執行長曾是狄帕克・馬哈特拉的客戶，他認為前僱員
的行為毫無理智，因為他完全沒有機會在法庭上獲勝。馬哈
特拉提議：「有沒有可能是他不信任你的會計師？」他力勸
執行長聘請客觀的第三方會計師事務所進行分析，並將結果
直接送給前僱員。果然，如此說服了該員工放棄訴訟。⑦

　　克里斯・佛斯（Chris Voss）曾經是聯邦調查局（FBI）首
席國際綁架談判專家。在他有關談判的暢銷書《FBI 談判協
商術》（Never Split the Difference）中，強調了保持困惑的重要
性。他寫道：「只有當我們聽到或看到不合理、甚或瘋狂的
事時，關鍵的岔路才會浮現。我們可以選擇更加猛力地向前
推進，到最初無法處理的過程；或者採取另一種保證失敗的

方式：告訴自己，無論如何談判都是無用的。」⑧

案例 4：尷尬對話的情況

　　想像你正在與某人對話，但進展得不順利，事實上是超級尷尬。你們無法理解彼此的笑話或談話出處。在想起其他話題前都是一段長時間尷尬的沉默，談話的節奏就是……不順。最終，對話的夥伴說道：「好吧，這真的是滿尷尬的！」

　　在你看來，他們的評論會使事情變得更好、還是更糟？

　　對我來說，答案是顯而易見的：當有人表示「這很尷尬」時，會使事情變得更尷尬，因而變得更糟。因此，當我一個相熟的朋友指出我們有一次的互動有多尷尬時，我不可置信。我想：「怎麼有人會這麼做？他擺明就是要把情況弄得更糟嘛！」

　　我決定向我的臉友提出這個問題。我描述了情境，並問到：「有人提出談話是尷尬的，會讓你感覺比較好、還是比較差？」（我刪除了識別訊息，並盡可能客觀中立地表達我的問題，使人們無法猜測我的看法。）

　　我確信大多數人都會同意我的觀點，但是我錯了。令我驚訝的是，有 32 個人說點出尷尬會使事情變得更好，而只有 16 個人表示會使事情變得更糟。

　　不過，我對民調結果的最初反應是不屑一顧。我認為：

「回答『更好』的人並不是真心這麼覺得，他們可能沒有實際想像那個情況。」

我對這個解釋不太滿意，感覺有點牽強，就像「岩石在天上飛」並不能完全解釋浣熊照片中的狀況。有可能這麼多人聲稱自己覺得如此，卻不是真的嗎？

我最終與民調裡 32 位回答「更好」的其中一位討論此事。他對我的答案就如同我對他的回答一樣感到驚訝。我試圖解釋：「是這樣的，當有人指出尷尬時，會迫使我立即找方法來消除尷尬。但是我已經在嘗試尋找解決辦法了，再提起這件事，只會徒增我的時間壓力。」

「等等，你覺得讓對話順利進行是你的責任嗎？」他不可置信地問道。

「等等，你不這麼認為？」我同樣不可置信地回應。

我意識到自己低估了人們在社交場合的內在經歷是如此的不同。當某人的行為讓我覺得粗魯、不體貼或不合理時，這改變了我整體的反應方式。以前我的思路會停在當下，並感到不愉快，現在我更能接受我們只是以不同的方式看待社會狀況的可能性，並對此感到好奇。

案例 5：順勢療法醫院的祕密

1850 年代的倫敦是一個令人恐懼的居住地。每隔幾年，

新爆發的霍亂席捲整個城市，每次造成數百或數千人死亡。
除此之外，健康的人發現胃稍有不適，然後在幾天、甚至幾
小時內被發現已經死亡。

政府委託科學家理事會調查該市的醫院，記錄他們治療
霍亂的方法，並找出比較有效的治療方法。結果並不振奮人
心，醫院裡霍亂患者的死亡率為 46%，與未受治療的霍亂患
者的死亡率差不多。包括鴉片、白堊和蓖麻油在內的標準「療
法」似乎都沒有效用。

然而有一家醫院被刻意排除在調查之外。倫敦順勢療法
醫院（The London Homeopathic Hospital）是一家成立於幾年前
的小型機構，由富有的捐助者提供資金，這些捐助者是新流
行的「順勢療法」的擁護者。如同今日，順勢療法讓 19 世紀
的主流醫生暴跳如雷。其中心理論完全藐視科學理解：如果
你將藥物稀釋到純水中至無法辨識的程度，它仍保留之前藥
物的「精神力量」，且藥效將變得更強，而不是更少。

令理事會感到驚訝和煩惱的是，倫敦順勢療法醫院報告
的霍亂死亡率僅為 18%，不到主流醫院死亡率的一半。理事
會決定將該醫院的數據排除在調查之外，[⑨] 畢竟，順勢療法
是謬論！它們的數據只會混淆調查的結論。更糟糕的是，這
對科學和推論本身是個侮辱。

太可惜了。如果理事會去調查這令人訝異的結果而不
是壓制它，醫學史進展可能已經變得更好。因為順勢療法的
成功是真實的，而這個成功與順勢療法並沒有任何關係。事

實證明，順勢療法運動的領導人在某種程度上偶然地命中治療霍亂的兩個關鍵因素。關鍵之一是保持良好的衛生習慣，他們敦促醫生在重複使用患者毯子前先進行消毒。其次，他們建議霍亂患者飲用乳清，這有助於補充患者的體液和電解質。這基本上是現今所說的口服脫水補充液治療法（oral rehydration therapy）的早期版本，卻直到 1960 年代才成為霍亂的標準治療方法。

這兩個關鍵都不是來自順勢療法的中心理論，他們只是基於良好和幸運的直覺來幫助病人康復。如果理事會對順勢療法的出奇結果感到好奇，這些直覺可能會早幾十年就成為醫學的正統觀念，從而挽救數百萬人的生命。

這是令人驚訝且困惑的觀察，你事前不會知道從中會得到什麼啟發。我們經常假設僅有的兩種可能性是「我是對的」或「另一個人是對的」，由於後者似乎挺荒謬的，因此我們預設前者的立場。但是在許多情況下，存在未知的未知數，即隱藏的「選項 C」，以無法預料的方式豐富了我們對世界的了解。

前述所有這些案例，都是關於一個令人費解的觀察，會如何改變你的世界觀。但更常見的情況是，隨著時間的推移，累積許多令人費解的觀察結果，從而改變你的思維模式，這即是「典範轉移」（paradigm shift）。到目前為止，典範轉移已成為商業中過度使用的流行詞，是指方法有重大的變化，

或更常見的指某人試圖將微小變化詮釋為重大變化。然而，哲學家湯瑪斯・孔恩（Thomas Kuhn）在《科學革命的結構》（*The Structure of Scientific Revolutions*）中描述最初的典範轉移是指科學進步的特定方式。

典範轉移始於每個人都認為核心信念或典範是真實的。逐漸地，有些人發現了反常現象，這些異常似乎與典範不符。起初，科學家將那些異常視作例外或錯誤，或者每次些微修改典範以適應新的觀測結果。但是當異常積累的越多，科學家也越來越困惑，直到有人最終開發出一種新的典範，使一切再次變得合理。

生活中典範轉移的規則與科學一樣。察覺到了異常，即使你還不知道如何解釋它們，即使舊的範本整體上來說似乎仍然正確。也許這些異常總合起來沒有什麼特別，可能只是意味著現實是混亂的，但也許是替觀點將產生的巨變奠定基礎。

異常現象累積所導致的典範轉移

唐娜（Donna）20 幾歲在一家餐廳工作時，收到一家護膚公司羅敦與菲特（Rodan + Fields）招聘人員的訊息，詢問她是否想成為該公司的獨立銷售代表。這正是唐娜在她生命那個時刻所需要聽到的。她對當時的工作感到沮喪和士氣低落，而且不知該如何是好。在她所居住的小鎮上，沒有任何

有前途的機會。成為企業家、難得一次為自己工作的想法聽起來很棒。她簽署了一份合同，並向羅敦與菲特支付 1,000 美元購買了他們強烈建議的「如何出售」的入門工具包。

唐娜當時不知道的是，羅敦與菲特是一家多層次傳銷（multilevel marketing, MLM）公司，如同安麗（Amway）和賀寶芙（Herbalife）。在多層次傳銷中取得成功的方法是，招募更多的銷售人員在你的領導下工作，從他們的利潤中取一份作回報。這個遊戲的本質是，一個人獲勝的唯一途徑就是讓其他人賠錢。數學是殘酷的，聯邦貿易委員會（Federal Trade Commission）進行的研究計算得出，簽署多層次傳銷的人當中，超過 99% 的人最終獲得的錢比當初開始時要來得少（加上浪費掉所有投入的時間）。

但如我所說，唐娜不知道這一點，於是她完全投入新工作。她聯繫了數百個認識的人，並試圖向他們出售乳液和面霜。她在臉書上發布廣告，並從羅敦與菲特購買了更多保證提供成功銷售祕訣的教學影片。但是她的銷售額仍然不足以彌補她從公司購買的產品的成本，特別是在她的「上線」（招募她的女士）拿走她的分紅後。

唐娜感到困惑。宣傳材料說得既簡單又自由，但感覺完全不是如此。「這不是應該讓我感到獨立嗎？」她錯愕地想著。[10]還有其他令她困惑的經歷。在觀看的教學影片中，似乎沒有包含有用的訊息。女售貨員的交談方式與她親身的經歷之間存在著惱人的脫節。一些有新生嬰兒的羅敦與菲特女推銷員

對於如何持續工作並賺到錢感到不知所措。唐娜以前曾照顧過新生兒，她無法想像任何人能夠一次應付這兩件事。

她的上線向她保證該系統運作正常，如果她失敗了，那是因為她沒有盡力。因此，唐娜試圖將累積的異常現象強加到「此系統有效」的典範中。畢竟，羅敦與菲特得到了許多知名人士的認可。一定是正當的，對不對？她感到痛苦，卻責怪自己。她說：「我推想一旦我學到更多或提高水準，就會明白這些搞不懂的『為什麼』。」

然後，典範轉移發生了。

唐娜在瀏覽網飛（Netflix）的時候發現了一個名為《山達基教與劫後餘生》（*Scientology and the Aftermath*）的紀錄片系列，由女演員莉亞・萊米妮（Leah Remini）製作並主演。在系列中，萊米妮談論了她還是山達基教教堂成員時所受到的虐待和騷擾經歷，並採訪了其他有相似經驗的前山達基教徒。唐娜讀到該系列的描述時，她想：「哦，這很有趣，如此瘋狂的邪教。」但是當觀賞影片時，她感受到越來越強的認同感。山達基教領導人的說話方式……組織的金字塔結構……就像看著自己生命的最後一年在銀幕上播放一樣。

唐娜回想起她在羅敦與菲特經歷的種種令人困惑的事情：保證「輕鬆又有趣」的工作和現實中連盈收都有困難的落差；銷售同事缺乏支持；令人難以置信的要求，在照顧新生兒的同時也要有盈收。通過一個新的典範來看，所有異常的狀況都變得更合理：這個組織正在剝削我。

　　唐娜開始起疑心後，沒多久她就上網查詢有關多層次傳銷的事實，以及許多像她一樣勤奮地為多層次傳銷工作多年的人的帳目，發現他們最終負債累累。當她意識到發生了什麼事時，唐娜開始哭泣。但是至少她只損失了 2,000 美元和一年的生命。從她讀到的故事中，她知道情況可以更糟。

　　對於非正式的觀察者來說，唐娜的想法似乎是突然改變的。一天，她還是一位真誠的信徒；第二天，她意識到這全是謊言。然而，使她「突然」改變主意的基礎已經發展了好幾個月。即使她持續相信「此系統有效」的整體典範，同時也注意到異常，而這些觀察到的異常難以用這個典範解釋，如她所說的：「我搞不懂的『為什麼』。」

　　這是能否在僅僅幾個月後就設法逃離多層次傳銷，或是最終積重難返好幾年的關鍵決定因素：他們是否注意到異常，不同方面的經歷並非是他們所期望的？是否在嘗試解釋異常現象時感到牽強？他們允許自己感到困惑嗎？

　　相反地，多層次傳銷中的許多人主動抑制自己的疑慮，通常是因為傳銷領導階層警告過他們，消極的想法會使他們失敗。每個月，當他們無法獲利時，他們不會對自己說：「哼，太奇怪了，即使我全職工作卻在賠錢。」卻說：「我想是我沒有盡力。」問題的跡象不斷積累，但是每次都可以毫無困難地辯解。

　　決策研究人員蓋瑞‧克萊恩（Gary Klein）在《力量的來源》（Sources of Power）一書中，將他所謂「減至最小誤差」

（de minimus error）視為錯誤決策的三大原因之一。這指的是試圖最小化觀察值與理論之間的不一致性。[11] 凡是不符合醫生醫學診斷的新證據，可以僥倖地被解釋或被忽略，因此，醫生從來沒有意識到最初的診斷是錯誤的。戰役中的每個新發展都可以與「敵人在逃亡」的典範保持一致，因此，直到為時已晚時，將軍也不會意識到敵人實際上已經重新編制。如果決策者能夠退一步並同時看到所有的異常情況，他們會清楚地知道這個典範是錯誤的。但他們一次只解釋單一個異常，以至於無法累積足夠困惑來發現實情。

　　這不代表一旦發現些微矛盾的證據，就該採取相對極端的方法並放棄典範。最出色的決策者做的就是，在現有的理論下尋找能合理解釋矛盾證據的方法，但同時在心裡做筆記：**用我的理論來解釋這個證據有一點牽強（或非常牽強）**。如果理論受到太多次的挑戰，先向自己承認你不清楚這是怎麼一回事，進而考慮其他的解釋。與克萊恩合作的研究員馬文・科恩（Marvin Cohen）用彈簧來比喻：「每當決策者解釋一個相互矛盾的證據，就像在拉直彈簧一般。最終，彈簧會抵抗任何更多的力量，然後突然彈回去。」[12]

　　這是個棘手的技能，它迫使你在狀況不明時仍依照典範操作，即使了解此典範有所缺陷和矛盾之處，也知道那可能是錯誤的，最終可能會放棄它。你必須抵抗將所有觀察強加於單一典範並貿然地解決不一致性的誘惑，取而代之的是願意保持困惑，並持續數天、數週，甚至數年。

願意保持困惑

　　如果你是 1990 年代末或 2000 年代初的美國基督教青少年，你的書架上很有可能會有這本書：《不再約會》（*I Kissed Dating Goodbye*），由一位年僅 21 歲、牧師的兒子約書亞・哈里斯（Joshua Harris）所撰寫。這本書鼓勵基督徒避免在結婚前約會，為未來的配偶保持純潔。

　　《不再約會》的銷量超過 100 萬冊，也使哈里斯一舉成名。直到 2010 年代哈里斯成為牧師，開始聽到越來越多人在十幾歲時讀過他的書，並銘記在心，現在卻覺得這本書搞砸了他們的生活。一名女士在推特（Twitter）上對他說：「你的書被當作對付我的武器。」[13]另一位女士說：「我覺得我只值得像我一樣破碎的男人。」一位已婚的男性讀者寫道：「從書中認識到不道德的純淨運動言論，性因此被玷污了。直到今天，每次與妻子有肌膚之親時都覺得像在做錯事。」

　　起初，哈里斯很輕易地把這些網路評論視為酸民，不予以理會，但是後來他開始聽到自己同學有類似的故事，他們承認這本書對他們的生活產生負面的影響。這使哈里斯一下子愣住了，他無法將現實生活中的朋友當作是酸民或是憤怒的巨人。他們的見證很反常，在「我的書沒有錯」的典範下很難被解釋。

　　哈里斯在 2016 年開始公開分享他對《不再約會》的懷疑。但當記者向他施壓詢問一個明確的結論：「究竟是否要推翻

這本書？」哈里斯表示異議，他說：「我只是需要在發表想法之前聽聽人們的立場。我還沒有個答案。」

　　我們稍後再回到哈里斯，看看他的旅程結果如何。就當下而言，先對他的故事保留疑惑，我們都應該學習這點：保持困惑。

　　保持困惑顛覆了我們過去看待世界的方式，不要忽略與理論相抵觸的觀點，而是要對它們感到好奇。在別人沒有按照你認為的方式行事時，不要認為他們是不理智的，而是該問自己為什麼他們的行為可能是合理的。與其嘗試將令人困惑的觀察套用到自己既有的理論框架，不如將它們視為新理論的線索。

　　偵察兵將異常狀況視為遊歷世界時搜集的一塊塊拼圖，而你一開始可能不知道該拿它們怎麼辦。如果把拼圖留著，你可能會發現它們加起來構成了比之前更豐富的世界景致。如以撒‧艾西莫夫（Isaac Asimov）所述：「在科學界中宣布新發現的最令人興奮的措辭，不是『我發現了』（Eureka），而是『這真有趣……』。」

12

逃離回聲室

從歧見中傾聽對立觀點，擺脫過濾泡泡與回聲室。

你之前可能聽過以下言論的某些版本：「聆聽對立的意見很重要！逃出自己的回聲室！擺脫你的過濾泡泡！這就是如何拓展視野和改變想法的方式。」

這種建議聽起來很不錯，本意良善的人會複述，而其他人則會帶善意地熱情點頭贊同。

不可告人的祕密就是，這個建議並沒有用。

如何從歧見中學習

我懷疑即使是散播這個建議的善心人士，在某種程度上來說，已經知道它是行不通的。我們都有在臉書上收到措辭

強烈的爭論的經驗，也許是來自完全不同世界觀的老同學或是遠房堂兄弟姊妹。當他們向我們解釋，我們對墮胎的看法是如何的不道德，或是為何我們的政黨如此無能時，我們通常不會從中獲得什麼啟發。

不過，很常見的是，許多文章和書籍公開譴責回聲室和過濾泡泡使我們的心胸狹窄，許多人因此已將這個警告牢記在心，並試圖傾聽「對立面的聲音」。但通常，他們會發現這是個令人沮喪的體驗。

瑞秋·普雷維蒂（Rachael Previti）是一位自由派記者，她在 2019 年決定一個星期內只看福克斯新聞（Fox News）。她的事後檢討是我所看過多數描述中頗具代表性的，普雷維蒂說：「我想在保守派必須說、但不這麼作為的某些事情當中尋找光明的一面，像是『噢，天哪，請看保守派認為的這些事情！』。但是說實話，除了抨擊自由主義者之外，很難找到其真正的立場。」①

密歇根州的一家雜誌社在 2017 年嘗試了雙向版本的「逃離回聲室」的實驗。②他們招募了一對夫婦及與他們意見迥異的另一個人，他們同意互換一週的媒體觀看清單。自由派的是住在安娜堡（Ann Arbor）的阿里克·克努斯（Aric Knuth）和吉姆·雷亞（Jim Leija），兩人都在密西根大學工作。他們是美國國家公共廣播電台（NPR）的粉絲，也是《紐約時報》和女權網站 Jezebel.com 的忠心讀者。保守派的則是居住在底特律郊區的湯姆·赫本（Tom Herbon），他是位退休

的工程師，也是唐納德‧川普（Donald Trump）的熱情支持者。湯姆每天在網路上閱讀《德拉吉報告》（*Drudge Report*），他的電台頻道維持在「愛國者」（The Patriot），這是一個談話性廣播電台，播送西恩‧漢尼提（Sean Hannity）等保守派人物的專訪。

克努斯和雷亞同意閱讀《德拉吉報告》以及收聽「愛國者」。作為交換，赫本同意閱讀《紐約時報》和女權網站 Jezebel.com，當他在家時將收音機調到美國國家公共廣播電台。一週後，該雜誌查看了三位實驗對象。他們有學到什麼嗎？

確實有。每個人都認識到「對立面」比他們以前認知的更加偏激、不準確和刺耳。雷亞之前從未聽過「愛國者」的談話廣播，他感到震驚。關於赫本，雷亞說道：「有人整天收聽這個廣播電台讓我感到非常難過，裡面充斥著與他一模一樣的人，說著他完全想聽的話。」在此同時，赫本非常厭惡女權網站 Jezebel.com 以及《紐約時報》，以至於他在實驗中途就放棄了，儘管他設法堅持收聽一整個星期的美國國家公共廣播電台。他說：「這些與我所知道的事實不相符的內容瞬間掃了我的興。如果人們不知道事實是什麼，那麼我們將面臨巨大的問題。」

如果這些實驗對你來說還不夠正式，2018 年還有一項關於傾聽「對立面」影響的大規模研究。[3] 研究人員支付推特使用者 11 美元，讓他們追蹤一個自動推特的機器人帳戶，這

使他們能夠收到與其政治領域對立的推文。機器人每天會向自由派人士顯示來自保守派的政治人物、媒體、非營利組織和專家的 24 條推文；機器人也會每天向保守派人士顯示來自自由派名人的 24 條推文。研究人員經由每週對每個人進行內容測驗，來確保每位參與者真正閱讀機器人的推文。

一個月後，研究人員評估了參與者的政治態度。他們的觀點是否因為自己回聲室外的嘗試而有所緩和？恰恰相反。花了一個月的時間閱讀自由派推文的保守派明顯地變得更加保守；花一個月閱讀保守派推文的自由派人士則變得些微更加自由，然而此影響在統計上並不顯著。

這樣的結果似乎否定了整個聆聽對立面的想法，但是情況並非如此糟糕。從這些失敗的實驗中得出的正確結論，並不意味從歧見中汲取教訓是無望的，而是我們全部做錯了。

錯誤在於所選擇聆聽的資訊來源。預設的狀況下，我們最終會傾聽與我們意見相左的人，以及對立方最受歡迎的代表性公眾人物和媒體。這些並不是非常有前景的選擇標準。首先，什麼樣的人最可能引發歧見？令人討厭的人。（這種人會說：「你在臉書上分享的這篇文章完全是胡說八道，讓我來教育你……」）其次，什麼樣的人或媒體有可能成為意識型態的大眾代表？那些會為同一派加油，並嘲笑或諷刺對立派的人，像是你。

為了有最好的機會從歧見中學習，應該要傾聽那些使公開辯論更容易，而不是更難的人；是你喜歡或尊重的人，即使

你不同意他們的觀點；或與你有共同點的人，像是共享知識前提或核心價值，即使你在其他議題上不同意他們；你認為講道理的人，能認知細微差異和領域的不確定性，並真誠地辯論。

傾聽你認為講理的人

想像一群女性主義者和一群反女性主義者在網路論壇Reddit辯論，你會用什麼詞來描述？「令人沮喪」？「糟糕」？也許是「火燒垃圾箱」（比喻情勢徹底失控）？

一般說來，這些都對。但是多年來，r/FeMRADebates 是一個醒目的例外。[④] r/FeMRADebates 是一個創建於 2014 年的平台，提供女性主義者和男性權利活動家（men's rights activists, MRAs）討論分裂他們之間的問題。[*] r/FeMRADebates 的獨特之處在於，主持人從一開始就制定了行為準則：請勿侮辱其他成員；不可使用女權納粹（feminazi）或宅男（neckbeard）之類的綽號；不要以偏概全；不要談論「女性主義者」相信什麼，好像他們是大人物，而是他們不輕易同意特定人士或觀點。

多虧有這些規則以及論壇創始成員的正面影響，r/FeMRADebates 能夠以不尋常的程度避免了「火燒垃圾箱」的

---

*　男性權利是一種相信社會歧視男性的運動。其成員經常敵視女性主義。

問題。在典型的網路辯論中，你多常看到以下這類評論？

　　我瀏覽了你的文章，是的，事實上是我錯了。[⑤]

　　當別人「不理解」時，我不再指責他們。我認為他們的立場是合理的。[⑥]

　　我並非總是同意（另一位評論者）……但是如果有人能夠說服我成為女性主義者，那肯定是她。[⑦]

　　來到此論壇的女性主義者和男性權利活動家，都以十分糟糕的眼光看待彼此，但通常過一段時間後會改變心意。一位名叫拉希德（Rashid）的成員告訴我，他曾經對女性主義者聲稱「女性強暴受害者常常受到指責，而其案件受到輕視」的說法持懷疑態度。在與 r/FeMRADebate 上的許多女性主義者交談之後，他斷定這種情況發生的頻率比他想像的要多許多。

　　拉希德剛加入論壇時，認為自己是「反女性主義者」，但之後他放棄這個標籤。是什麼改變他的想法？他對我說：「與真誠爭論的女性主義者交流。」並說道：「過去我經常花大量的時間去看其他反女性主義者所分享的女性主義中最糟糕的『情況』，用以顯示女性主義者是多　的可笑。」結果，他認為女性主義中最壞的例子比實際情況還普遍得多。

　　相對的，該組織的一位女性主義創始人發現女性主義理論在概念上存在一些缺陷，例如「父權制」。她也開始關心

更多關於男性權利活動家所強調的一些問題，像是對男性的性侵犯。她寫了一段衷心的訊息給經常一同辯論的夥伴：「你們看過我在無數的議題上改變立場……整體而言，你們使我更能接受男性權利運動，並且讓我意識到許多男性議題的重要性。」[8]

聆聽與你有共同知識基礎的人

在第 10 章中提到氣候變遷懷疑論者傑瑞・泰勒時，他的想法處於不確定的狀態。他驚慌地發現身邊的科學家扭曲事實，也為他所引用的資訊來源比他想像的更不可靠而感到不安。他仍然認為懷疑氣候變遷的基本論點是正確的……但已不像以前這麼確定自己的立場。

泰勒幾年來一直處於這種不確定的狀態，直到朋友安排他與一位名叫鮑伯・利特曼（Bob Litterman）的氣候行動主義者會面。[9]當你聽到「行動主義者」時，可能會想像對方是以大麻和紮染為消遣的人，會將自己綁在樹上以示抗議。但是利特曼並非典型的激進分子。他白天經營投資諮詢公司凱波斯資本（Kepos Capital），這是他在高盛（Goldman Sachs）工作了 20 多年之後所成立的。利特曼是風險管理領域的著名人物，他曾開發最受歡迎的模型之一，以利投資者最佳地分配其投資組合。

　　在 2014 年於卡托研究所舉行的會議上，利特曼提出採取行動來應對氣候變遷，這是泰勒從未聽過的論點。利特曼說：「災難性的氣候變化是不可分散的風險。」這意味沒有任何投資可以阻擋氣候變遷發生的可能性。在正常的情況下，投資者願意支付巨額的資金來避免不可分散的風險。利特曼依同樣的邏輯辯稱：「作為一個社會，我們應當願意投入大量資金防止災難性氣候變化的發生。」

　　利特曼、泰勒，以及泰勒的一位同事爭論了一個半小時。在利特曼離開後，泰勒轉向同事說：「看來我們的立場被砸了個粉碎。」在這場談話後不久，泰勒離開了卡托研究所，成為氣候行動的積極分子，迄今為止，他是唯一一位改變立場的專業氣候變遷懷疑論者。

　　為什麼這種歧見會如此有效？因為即使利特曼屬於氣候變化問題的另一派，無論如何，他還是「像我一樣是位具有即時可靠性的人，」泰勒稍後說道：「他來自華爾街，是一位溫和的自由主義者。」[10]

　　知道你與某人有共同的知識基礎，能馬上讓你更容易接受他們的論點，也使他們得以使用共同的「語言」來解釋自己的立場。利特曼採取的氣候行動是依照經濟情況和不確定性，而這個語言已經讓泰勒信服。對於像泰勒這類型的人來說，與使用這些措辭來證明自己是有理的氣候行動主義者進行一次交談，其價值更勝於與那些談論人類對大地母親的道德責任的行動主義者進行 100 次對話。

聆聽與你同隊的成員

　　我的朋友凱爾西‧派珀（Kelsey Piper）是沃克斯（Vox）的記者，她報導慈善事業、科技和政治的發展，以及其他影響全球福祉的議題。凱爾西是位無神論者，而她的一位好朋友，我稱為簡（Jen），則是信奉天主教。她們在信念上有很大的差異，這通常會產生棘手的歧見，特別是在同性戀、節育、婚前性行為或安樂死等議題。當一個人的道德立場源自於與另一個人不同的宗教前提時，很難知道該如何取得進展。

　　但是，凱爾西和簡的一項共識是，希望盡可能有效地使世界變得更美好。她們同樣屬於有效利他主義運動（effective altruism movement）的一份子，致力於尋找高影響力且循證的行善方法。共同的目標在他們之間建立了一種友情和信任感，使得凱爾西比她本來更願意敞開心胸地聆聽簡的觀點。

　　墮胎是其中一個使凱爾西的觀點因為這些談話而發生變化的議題。起初，她毫無矛盾地主張人工流產是合法的。她的觀點是，在道德相關的意義上，胎兒的感知能力尚不足以看作是「人」，是這個道德感使人覺得墮胎是錯誤的。

　　在與簡進行了多次對談之後，凱爾西更加支持主張保護胎兒權利的立場，即使她認為胎兒不可能有知覺。她告訴我：「如果我對胎兒的經歷有充分的了解，那有可能我最後會說：『噢，是的，這就是當胎兒死亡、悲劇發生的心情。』」凱

爾西仍然堅決主張合法墮胎，但是她現在更加認真地思考墮胎的不良後果，而我們應該加倍努力地防止這種情況發生。

如果凱爾西沒有由衷地努力理解簡的觀點，那麼這種轉變就不會發生；如果凱爾西不覺得簡是她的盟友，和她一樣關心許多相同的事情，共同致力於使世界變得更美好，這也不會發生。即使與你的世界觀大不相同，但是以某種重要的方式存在於同一個團隊中，可以使彼此相互學習。

「競爭對手團隊」的問題

亞伯拉罕・林肯（Abraham Lincoln）在 1860 年當選總統時，向那些曾是共和黨提名的主要對手聯繫並主動給予他們在內閣中的所有職位，這些人包括西蒙・卡麥隆（Simon Cameron）、愛德華・貝茲（Edward Bates）、薩蒙・蔡斯（Salmon Chase）和威廉・蘇厄德（William Seward）。歷史學家桃莉絲・基恩斯・古德溫（Doris Kearns Goodwin）在她 2005 年的暢銷著作《無敵：林肯不以任何人為敵人，創造了連政敵都同心效力的團隊》（*Team of Rivals: The Political Genius of Abraham Lincoln*）中使該故事永垂不朽。[11]

林肯的「競爭對手團隊」現在成為書本和文章中引用的標準範例，以敦促人們接觸不同的觀點。經濟學家凱斯・桑斯坦（Cass Sunstein）在他的《走向極端》（*Going to Extremes*）

一書中寫道：「林肯自覺地選擇了各種各樣的人來挑戰自己的意向，並檢驗彼此的觀點，以做出最明智的判斷。」[12]歐巴馬（Barack Obama）在總統任期引用此書「競爭對手團隊」為靈感，並稱讚林肯「有足夠的信心願意讓這些反對的聲音」出現在他的內閣。[13]

這也是在我開始為這本書收集資料前所聽到的記述。但是後來事實證明，整個故事衍生出更加複雜的寓意：四位林肯邀請進入內閣的「競爭對手」（卡麥隆、貝茲、蔡斯和蘇厄德）中，有三位在任期失敗後提前離開了。

卡麥隆不到一年就因為腐敗而被免職。（一位與卡麥隆同時代的人說他「不會偷一個熱爐子」。）

貝茲在逐漸脫離工作後辭職。他對行政部門影響不大，林肯並沒有經常與他商議，貝茲也沒有特別提供諮詢。[14]

蔡斯堅信，他比林肯更應該得到總統這個位子，認為林肯是他的屬下。他一再與林肯發生衝突，而且不止一次威脅要辭職，除非滿足他的要求。最終，林肯認為蔡斯是虛張聲勢並接受了他的辭職，後來告訴朋友：「我再也受不了了。」[15]

蘇厄德是這種模式的部分例外。他在林肯任職期間一直待著，並成為值得信賴的朋友和顧問。他不止一次改變林肯對於重要事情的想法。但是，蘇厄德也是在數個月來暗中破壞林肯的權威、並試圖為自己奪取政治權力之後才改變立場的。

這證明林肯的鎮定自若，完全能夠與對手合作，在政治

上來說是個明智之舉。但這不是一個讓自己暴露在不同觀點的好例子。當異議是來自於你所不尊重的人，或是與你沒有足夠共同點、讓你覺得你們是屬於同一團隊的人，則這些意見並沒有什麼用處。

從歧見中學習的三個困難點

未能從歧見中汲取教訓的最大原因之一，是我們期待那要比實際上更為容易辦到。假設兩個人都有理性的基礎，並且出於真誠而爭論，那麼深入了解歧見應該很簡單。每個人都會解釋自己的信念，如果其中一個人可以用邏輯和證據支持自己的立場，那麼另一個人會說：「噢，你是對的。」並改變主意。很簡單的！

當事情的發展不如預期時：像是一方拒絕改變主意，甚至是在聽到另一方壓倒性的論點後，每個人都會感到沮喪，並得出結論認為其他人一定是非理性的。

我們需要大幅度地降低期望值，即使在理想的狀況下，每個人都是見多識廣、講理、盡最大的努力來解釋自己的觀點和理解對方，但從歧見中學習仍然很困難，尤其狀況幾乎都不理想。以下是三個原因：

1. 誤會彼此觀點

在開羅旅行期間，部落客史考特‧亞歷山大（Scott Alexander）在咖啡館與一個穆斯林女孩進行了愉快的交談。當她提到相信進化論的那些瘋狂的人時，史考特承認他就是那些「瘋狂的人」之一。

這個女孩很震驚，她回答說：「但是……猴子不會變成人類。是什麼讓你認為猴子可以變成人類呢？」[⑯]史考特試圖解釋，從猿到人的轉變是一個非常漸進的過程，可以歷經好幾個世代，然後他推薦了能比他更好地解釋進化論的一些書，但是很明顯的女孩仍然不相信。

如果你已經熟悉演化的理論，很明顯地咖啡館裡的女孩是誤解了。但是，你確定所有過去被你忽略的荒謬想法中，都沒有對真實事物的誤解嗎？即使是正確的想法，常常乍聽之下是錯的。30秒鐘的解釋版本不免過於簡單：省略了重要的說明和細微差別、缺少背景訊息、詞語的使用方式和慣用的不同等等。

2. 錯誤論點會反對好的論述

當遇到一個好的論點，卻是新的資訊時，我們通常會將其誤認為是我們已經熟悉的錯誤論據。例如，在上一章中，我引用了蓋瑞‧克萊恩關於直覺的著作。他研究了經驗豐富

的消防員、護士、海軍軍官和其他專家是如何在他們的領域中發展出準確的直覺。克萊恩的成果幫助我了解現實世界中的決策是如何運作，以及認識到決策在學術研究中的某些缺陷。

然而，在第一次聽說克萊恩之後，多年來我一直無視他的著作。因為他談論「直覺的力量」，使我將他與頌揚直覺為偽神祕第六感的人聯結在一起，他們認為這種直覺比其他形式的證據（包括科學）都更值得重視，但這並非克萊恩的觀點。稱作「直覺」只是指大腦內置的模式匹配能力。但是因為遇到很多人說類似「我不在乎科學怎麼說，我的直覺告訴我鬼是真實的」之類的話，我自動將克萊恩與他們混為一談。

3. 信念改變，相依的另一個就跟著變

假設愛麗絲（Alice）相信氣候變遷是一個嚴重的問題，她正在和持異議的凱文（Kevin）交談。愛麗絲可以給凱文看一篇提到氣候科學模型已經做出準確預測的文章，但是凱文不太可能改變想法，即使他具有偵察心態。

那是因為我們的信念都是相互聯繫的，就像網絡一樣。「氣候變遷不是真實的」這個看法是由凱文的其他信念所支撐，像是「世界如何運轉」以及「哪些訊息來源是值得信賴的」。為了讓凱文大規模地修改「氣候變遷不是真實的」這

個觀念，他必須更新一些相關的想法，例如：「對氣候變化持懷疑態度的媒體比主流媒體更值得信賴」或「聰明的人不相信氣候科學共識」。讓凱文改變想法的情況確實有可能發生，但與一篇由凱文當時不信任的新聞來源所發表的文章相比，還需要更多的證據。

在上一章的結尾，我們談到了《不再約會》的作者約書亞·哈里斯陸續聽到有讀者反應，這本書把他們的生活搞砸了。他在 2015 年第一次開始理解這些批評者的觀點是有道理的。當時，他所屬的馬里蘭州蓋瑟斯堡（Gaithersburg）聖約生活教會（Covenant Life Church）中的幾位成員，在會眾中犯下性虐待未成年的罪行。哈里斯並未參與虐待行為，但他對此有所了解，卻沒有鼓勵受害者通報警察。

哈里斯沮喪地發現自己沒有正確處理這場危機，他的信念網絡因而掀起了漣漪。哈里斯後來說：「那是我第一次意識到，你知道嗎？你有好的出發點，並認為自己做了正確的決定，但對人們生活的影響卻是出乎意料的不同。」這樣的認知反而引發了這個想法：「也許我的書有問題。」[17]

在哈里斯聆聽關於這本書的歧見的這些年中，他轉變想法的能力被一個未闡明的前提所限制：**如果你的意圖良好，就不可能造成傷害**。如果有人問過他，也許他就不會明確地認可這種信念，即便那始終會存在心底。在這個信念改變之前，就算是對他的書有源源不斷的抱怨，也不足以改變在哈里斯的認知網絡中的這個信念：**我的書沒有害處**。

▎我們相互依賴的信念網絡

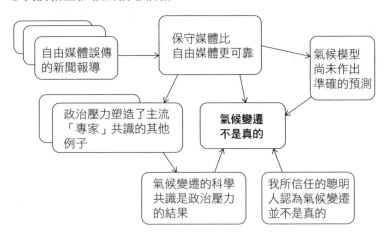

這三章分別介紹了顛覆我們認為改變想法的典型方式。

在第 10 章「學會如何犯錯」中，我們看到大多數人如何暗自假設自己的現實「地圖」是正確的。如果他們必須進行任何修改，則表示他們在某過程中搞砸了。偵察兵的假設則是相反，我們都是從非常不準確的地圖開始，隨著時間、隨著獲得更多的訊息，使地圖更加精準。**修正地圖是你做對了的指標。**

第 11 章「保持好奇和困惑」講述了當世界違反你的理論時該怎麼做。當其他人表現得「不理性」時，或者當你沒有得到預期的結果時，又或者對有人不同意你的看法而感到驚訝，與其嘗試剪除撫平這些不合你世界觀的細節，如同織物

上勾紗的地方，不如拉扯一下看看能解開什麼東西。

　　在本章中，我們看到了人們如何期望更容易理解歧見，以及當他們失敗時會感到驚嚇。但在現實中，即使在最佳條件下也很難達成，而且當你真正成功時應該是感到驚喜。傾聽與你不同意的觀點，並認真地對待它們到足以嘗試改變看法。這需要精神上和情感上的努力，最重要的是要有耐心。你必須願意這麼對自己說：「看來這個人是錯的，但也許是我誤會了他，讓我檢查一下。」或說：「我仍然不同意，但也許過些時間，我會碰到一些她所說的例子。」

　　為什麼要聽取那些不講理、嘲笑你的觀點，或是與你沒有任何共同點的人的意見，而使得一項艱鉅的任務變得更加艱鉅？為什麼不給自己最好的機會來改變想法，或至少能夠體會到一個理性的人是如何不同意你呢？正如那位有個天主教徒朋友的無神論記者凱爾西所說：「如果理解某人卻沒有讓我對他們的觀點更有同理心，那麼我會繼續尋找。」

PART 5

身分認同影響判斷力

13

信念會改變身分認同

辨識身分認同的標誌，不受它局限想法與視野。

　　有天晚上懷孕五個月的寇特妮・榮格教授（Courtney Jung）參加一場雞尾酒會。清醒卻感無聊的榮格，當有派對客人走過來跟她打招呼並祝賀她懷孕時，她終於如釋重負。[①]

　　然而，這位女客的「祝賀」很快就演變成了一場說教。她的任務是說服榮格哺育母乳，而不是用配方奶餵養即將出生的寶寶。榮格回說：「是的，好，我可能會母乳哺育。」雖然她還沒有仔細考慮這件事。

　　對於母乳哺育倡導者來說，榮格的這種反應顯然不夠令人滿意，於是這名女客繼續列舉母乳哺育的諸多醫學和情感好處。當她竭力堅持自己的主張時，由於太過激動，她不停向榮格靠過去；榮格只好不安地走開；於是他們整晚都在屋內寸步移動，直到榮格最後發現自己被逼到了一個角落，不管是字面上還是象徵層面。

案例 1：媽媽戰爭

如果你對於上述關於母乳哺育狂熱者的景象感到驚訝，你可能從未聽說過名稱相當貶義的「媽媽戰爭」，即在認為母乳哺育至關重要的母親，以及認為用奶瓶餵養嬰兒沒什麼問題的母親，這兩者之間展開的戰爭。

理論上，關於嬰兒從母乳中得到多少益處的爭論，顯然屬於科學問題。但實際上，爭議的語言聽起來像是在描述一場可怕的聖戰。習慣瓶餵的母親抱怨說，她們被「支持母乳哺育的宣傳洗腦」[2]，被「母乳哺育捍衛者逼得失去批判性思考的能力」[3]。一位參加母乳哺育研討會的新手媽媽成員後來說：「我感覺自己像是在參加北韓的教化課。」[4]與此同時，支持母乳哺育陣營的部落客將此類抱怨斥為「吵鬧的笨蛋創造了『母乳哺育捍衛者』（Brestapo）的諷刺漫畫來安撫自己的良心」，並將質疑母乳價值的文章視為「配方奶粉辯護者」對母乳哺育的「先發制人的攻擊」（preemptive strike）。[5]

寇特妮・榮格從派對那個被逼入的角落裡逃出來後，開始思考人們對母乳哺育的熱情和憤怒，以及對許多人來說，他們對這個話題的觀點如何成為自己身分認同的一部分。這段經歷為她的新書《母乳主義》（*Lactivism*，**中文書名暫譯**）埋下了種子，她在書中寫道：「事實是，在美國，母乳哺育已經不僅僅是餵養嬰兒的一種方式。這是向世界展示你是誰，以及你相信什麼的一種方式。」[6]

身分認同的一部分

「你不應該與人談論政治或宗教」是一個由來已久的禮儀規範。這是因為我們都知道，**人們的政治和宗教觀點往往是他們身分認同的一部分。當有人批評一種信念剛好是屬於你身分認同的一部分時，這就是一種對立。**這就像有人侮辱你的家人，或者踐踏你的國旗。即使只是發現某人不同意你的一種帶有身分認同的信念，就好像發現對方屬於你的敵方陣營：「哦，所以你是他們中的一員。」

但政治和宗教僅是其中最著名的例子。決定母乳哺育還是奶瓶餵養、選擇哪種程式語言，或是對資本主義的看法，都可以成為你身分認同的一部分。這些信念可能沒有像「民主黨人」或「南方浸信會」這樣明顯的官方標籤，但可以激發出同樣的狂熱、好鬥和防禦反應。

同意一種信念和認同它是不一樣的。許多人支持科學，是因為他們同意這樣的說法：「科學是了解世界如何運轉的最好方式，它值得大量的資金和尊重。」但這些人之中，只有一小部分人將科學視為他們身分認同的一部分，以至於對那些不欣賞科學或穿著印有醒目支持科學口號（例如「科學才不在乎你的信仰」或「科學：確實有用，混蛋」）T恤的人懷有敵意。

任何事情都可以成為我們身分認同的一部分。然而，有些議題似乎比其他議題更容易受到影響。這是為什麼呢？為

什麼關於嬰兒配方奶粉健康風險的爭論，要比空氣污染健康風險的爭論激烈得多？如果你想買一件「驕傲的內向者」T恤，為什麼有這麼多選擇，但卻找不到一件「驕傲的外向者」T恤呢？

關於身分的科學仍在發展中，但我已經觀察到**有兩件事把信念變成身分認同：感覺四面楚歌，以及感覺自豪。**

感到四面楚歌

經由被一個充滿敵意的世界包圍的感覺，信念由此結晶成為身分認同，就像長時間的壓力將碳原子結合在一起形成鑽石一樣。想想少數宗教派別，或者像「末日準備者」（preppers）這樣經常被嘲笑的次文化，他們相信，為自然災害或社會崩潰做準備是值得的。被嘲笑、迫害，或因我們的信念而被污名化，都會讓我們更加想要為這些信念挺身而出，也會讓我們有一種與「自己人」團結一致的感覺。

每個議題似乎都必須要有占主導地位的多數和四面楚歌的少數。但在同一個議題上，雙方都會認真將自己所屬的視為四面楚歌的一方。這就是「媽媽戰爭」中發生的事情。配方奶餵養者覺得自己總是處於防禦狀態，被迫要向他人解釋為什麼不母乳哺育，感覺被大家認為是不稱職的母親，無論是否被默認或公開表示。這不全然是他們的想像。在 2001 年

的一項調查中發現，有三分之二的母乳哺育母親「為」母親
沒有以母乳哺育的孩子「感到難過」。⑦

　　但在另一方面，母乳哺育者也因為不同的原因而感到處
境艱難。他們抱怨社會的組成讓他們的生活變得困難，大多
數工作場所缺乏舒適的哺乳場所，而在公共場合暴露的乳房
會引來冒犯的目光和竊竊私語。有些人認為，這是一種比配
方奶餵養者所面臨更嚴重的壓迫形式。「因為，讓我們面對
現實吧，」一位母乳哺育母親在寫給配方奶餵養者的信中寫
道：「當你聽到『母乳是最好的』這句話時，你可能會感到
有些身為母親的內疚，但從來沒有人因為用奶瓶餵養嬰兒而
被趕出餐廳。」⑧

　　再以無神論者和基督徒為例。無神論者因為在美國遭
受大量歧視而感到四面楚歌。許多人被告知自己是道德敗壞
的。在花了很長一段時間感到不得不隱藏他們被污名化的觀
點之後，他們經常談論是否該向大眾表示自己的無神論者身
分。2019 年最新的蓋洛普民意調查發現，40% 的美國人不會
投票給一位符合資格、但卻是無神論者的同黨成員。作為對
比，表示不會投票給猶太候選人和天主教候選人的，比例分
別為 7% 和 5%。⑨

　　與無神論者不同，福音派基督徒更有可能生活在與他
們信仰相同的家庭和社群中，所以他們不會陷入上述同樣困
境。然而，他們卻因近 50 年來美國的法律和文化變遷而感到
越來越疏離、無法融入，如合法墮胎、同性婚姻，以及出現

在媒體上的性內容。「文化戰爭結束了，而我們輸了，」一位基督教領袖在《準備：在日益敵對的文化中活出你的信仰》（*Prepare: Living Your Faith in an Increasingly Hostile Culture*，中文書名暫譯）一書中如此哀嘆。[10]

感到自豪

我們的信念反映出我們是什麼樣的人。對許多女性來說，「母乳哺育很重要」的信念，代表她們與嬰兒之間的聯繫，以及她們願意為了當母親而有所犧牲。正如一場支持母乳哺育會議上的海報所言，母乳哺育是「母親、關係，以及愛的終極表現」。[11]相反的，對於許多拒絕母乳哺育的女性而言，這是她們女性主義的一種表達。這是一種拒絕被生物學的限制所束縛的行為，這種束縛往往對新手媽媽的自由施加比父親更嚴厲的限制。「在意識型態層面上，我們迴避乳頭是因為母乳哺育阻礙了女性主義的進步，」一位記者如此描述自己及伴侶選擇不母乳哺育的理由。[12]

或者想想加密貨幣。對許多狂熱者來說，它的吸引力不只是為了致富，而是關於改變世界。相信加密貨幣的潛力就好比當一名反抗者，為人類從強大中央集權機構的暴政中獲得自由而戰。正如一位早期比特幣愛好者所說：「你們正在引領一個全新的金融時代！藉由協助打造一種人人都能控制的

貨幣，你們等於是剝奪了大銀行對大眾不勞而獲的權利！」

自認為樂觀和悲觀的人，都以他們看待世界的方式為榮。樂觀主義者說話的方式，就好像是持有積極正面的信念即是美德：「儘管我們很容易選擇憤世嫉俗，但我選擇相信人類固有的善良。」有位樂觀主義者這麼宣稱。[13] 與此同時，悲觀主義者認為自己精明老練，不像那些乏味的樂觀主義者：「在投資領域，牛市聽起來像個魯莽輕率的啦啦隊長，而熊市聽起來則像是個頭腦敏銳的人，能超越頭條新聞。」一位投資者如此表示。[14]

感到自豪和感到四面楚歌往往是相輔相成的。例如，有位名叫伊萊・海納・達達霍伊（Eli Heina Dadabhoy）、具有多重伴侶關係（polyamorous）身分的部落客就承認，這種支持非一夫一妻制開放式關係的人，聽起來可能對自己的生活方式選擇頗為得意或高傲。但是，對於不斷遭受到的敵意，這是一種可以理解的反應。達達霍伊說：「當你周圍的世界都在不停地喊著你錯得有多離譜時，你會覺得宣稱自己的優越性是一種合理的回應，也是反對如此強烈負面訊息的唯一方式。」[15]

案例 2：機率戰爭

沒有任何枯燥或深奧的問題不受身分認同的影響。不相

信我？請容許我向你介紹頻率論者（frequentists）和貝葉斯論者（Bayesians）之間長期存在的爭論，這兩個統計學家陣營以不同的方式分析數據。爭論的根源是一個簡單的哲學歧見。

頻率論者會根據某事件在一長串試驗中發生的頻率，客觀地定義該事件的機率。一個頻率論者會說拋硬幣出現正面的機率是二分之一，因為如果你可以拋硬幣無限多次，有一半的結果會是正面。

貝葉斯主義源自貝葉斯定理（Bayes's rule）。該定理是以托馬斯・貝葉斯（Thomas Bayes）牧師的名字命名的，他是第一個提出這個定理的 18 世紀哲學家暨統計學家。貝葉斯主義者主觀地為事件發生的機率下定義，亦即對事件發生的信心有多大。還記得我們在第 6 章做過的練習嗎？在這個練習中，我們學習到藉由思考自己願意下什麼樣的賭注，來量化我們對某項主張的信心。貝葉斯主義者稱之為「機率」（probability），而頻率論者則否。

你可能會認為，這種歧見只會出現在深埋於學術期刊文章中的專業術語。但幾十年來，每年都會舉辦貝葉斯會議，與會者唱著歌為貝葉斯主義歡呼，並對頻繁論倒喝采。以下有一段歌詞，是用《共和國戰歌》（*The Battle Hymn of the Republic*，譯按：*美國南北戰爭時期著名的愛國歌曲*）的曲調唱的：

我的眼睛看到了托馬斯・貝葉斯牧師的榮耀

他正在鏟除頻率論者及其毫無條理的方式……

榮耀，榮耀，機率！

榮耀，榮耀，主觀性！

他的部隊正在前進。[16]

顯然，這首歌是半開玩笑的。但就像所有好的觀察性幽默一樣，它是基於真理的種子。如果你瀏覽統計部落格，你會發現貝葉斯派和頻率派互相指責對方非理性的偏見，抱怨基本教義的頻率派、正統的頻率派、反貝葉斯派的偏見、自以為是的貝葉斯派，憤怒的反貝葉斯派、貝葉斯派的擁護者，以及頑固的貝葉斯派。有位統計學家甚至宣布放棄貝葉斯主義，並在部落格上發表一篇題為「在貝葉斯教堂外呼吸新鮮空氣」的文章。[17]

就像許多身分認同之爭一樣，機率之戰始於 1980 年代的貝葉斯派感覺陷入困境之時。他們必須小心翼翼、避免太常提及「貝葉斯」這個詞，以免被視為麻煩製造者。已有一位偏好貝葉斯方法的教授，因持不同意見而被逐出他的系所。艾倫·蓋爾芬德（Alan Gelfand）回憶道，「我們一直是受壓迫的少數族群，試圖獲得一些認可。」[18] 他是貝葉斯主義早期採用者之一。現在情勢逆轉。在最近 15 年內，貝葉斯主義已逐漸流行，反倒是頻率派覺得自己被邊緣化，以至於一位頻率派統計學家將她的部落格命名為「流亡的頻率論者」。[19]

機率戰爭甚至已經從學術界蔓延到網路中更「宅」的部

分。2012 年，網路漫畫《XKCD》發表了一篇連環漫畫，探討頻率統計和貝氏統計的區別，並取笑了前者。[20]大家的反應過於熱烈，以至於有位評論者開玩笑說：「下次把它做成以色列人對巴勒斯坦人，爭議性會少一些。」[21]

信念是身分認同的標誌

有時候，當一種信念變成你的身分認同時，很容易看得出來。如果你在你 Instagram 個人簡介第一行寫上「自豪的素食主義者」，你所有的朋友都是素食主義者，你參加素食集會，身著素食徽章和 T 恤，那麼這就是一個非常一目了然的例子。但是除了這類明顯的例子之外，還有許多更微妙的情況，其中信念可能不會被貼上標籤，也不會成為某個團體的正式成員，但我們仍會將之視為個人信念。若要發現這些信念，請注意以下標誌：

標誌1：使用「我相信」當開場白

以「我相信」這句話作為你陳述的開場白，即透露出該句話對你的身分認同很重要。想想「我相信樂觀主義」、「我相信好人多於壞人」，或是「我相信女性正在改變世界」等這類陳述。那聽起來似乎是贅詞，難道你不應該在說話時把

「我相信」這三個字拿掉嗎？這表示你分明不只是在單純描述這個世界，而是在定義你自己。「人是可以改變的」這句話是你對世界運作方式的看法。但是「我相信人是可以改變的」這句話則是關於你，關於你是什麼樣的人，慷慨、寬容、富有同情心。

標誌2：當意識型態受到批評時感到惱怒

「我他 X 的愛科學」（I F*cking Love Science, IFLS）是一個很受歡迎的臉書粉專，上面分享許多熱愛科學的網路迷因、漫畫和口號，例如「得過小兒麻痺症？我也沒得過。感謝科學！」在「我他 X 的愛科學」臉書粉專的討論區內，有位名叫潔西卡的網友提到，即使是科學家也常常抗拒與他們的信念相抵觸的事實。「人就是人，」她說。

對於科學的批評，這已算相當溫和的了（且正確性無可否認）。但是，另一位名叫華倫的網友則對這種有辱科學榮譽的指責感到惱怒。他反駁道：「呃，不是喔。一千個不是。科學從來不是這樣運作的。」[22]

當你感到有股衝動，想要介入並捍衛一個群體或信念體系，用以對抗你所感知到的批評時，很有可能你的身分認同已牽涉其中。我最近看到一篇題為「為什麼無神論者不像有些人認為的那樣理性」的文章。我突然防禦心起，甚至在點閱這篇文章之前，我就做好要大肆反駁的準備。諷刺的是，

我自己也提出了同樣的觀點：一些自認為是無神論者的人，誤以為自己的無神論足以證明自己是「理性的」。但事實是，這篇文章是出自一個局外人的觀點，而且似乎是要詆毀無神論者，這自然而然地激起了我的憤怒。

標誌3：強硬的語言

將科學視為自己身分重要組成部分的人，有時會穿著 T恤或展示寫有「驕傲的書呆子」或「為科學而戰」的標誌。用配方奶粉餵養嬰兒的母親會在部落格上發表題為「不需為配方奶粉餵養道歉的情況」（The Unapologetic Case for Formula-Feeding）[23] 或「為配方奶粉餵養者挺身而出」（Standing Up for Formula Feeders），或自稱是「無所畏懼的配方奶粉餵養者」。[24]與此同時，母乳哺育的母親們也會說這類話：「任何公開承認自己有哺育孩子的偏好、知識，甚至『倒吸一口氣』為之自豪的母乳哺育的母親，都要倒楣了。」

「驕傲」、「站起來」、「毫無歉意」、「無所畏懼」，這樣強硬、不接受不同意見的語言，表明你認為自己是一個四面楚歌的少數族群。它把你塑造成正義的捍衛者，面對一個試圖讓你沉默、壓迫或羞辱你的社會。

標誌4：正義的語氣

想想我們有時會在語句結尾加上的誇張正義語氣：「句點」（Period）。「好，停了」（Full Stop）。「就這樣」（End of story）。「討論結束」（End of discussion）。「就這麼簡單」（It's that simple）。或現在時下流行在每個單字後面用斷然的句號，在句中將每一個字分開的做法呢？例如：「你不支持這項政策？你。就。是。問。題。的。一。部。分。」

經濟學專欄作家梅根·麥卡德爾（Megan McArdle）提出一個完美的比喻，用來形容上述正義的語氣所要傳達的訊息。她寫道：「讓你自我感覺良好的訊息（當然，還有你志同道合的朋友）說明了，你是一個道德巨人，勇敢地跨越這片大地，揮舞著你不可忽視的道德邏輯。」[25]

標誌5：守門人

如果你在網路上搜索這句話「你不能自稱為女性主義者」，你會發現人們在使用這個標籤時單方面強加了各種條件，例如：「你不能自稱為女性主義者，如果你沒有多元交織性（intersectional）」[26]和「你不能自稱為女性主義者，如果你不相信墮胎的權利」。[27]

當一個標籤不僅是對你信念的實際描述，而更像是種身分認同的象徵或驕傲的來源時，那麼還有誰可以套用這個標

籤的問題就很重要了。監督身分的界限於是變得很重要。

隨著「我他 X 的愛科學」（IFLS）越來越受歡迎，粉絲數量達到了數千萬，其他一些科學愛好者開始感到惱怒。「IFLS 對『科學』的看法太膚淺了，只不過是一堆網路迷因和宇宙照片！愛科學不是這樣的！」他們互相抱怨著。抨擊 IFLS 粉絲最力、最著名的，是一位名叫克里斯・威爾遜（Kris Wilson）的漫畫家，他寫道：「真正熱愛科學的人終其一生不僅致力於研究顯眼的大事實，也會斟酌枯燥乏味的小細節，你們才不是真心愛科學。當它經過時，你們只是看著它的屁股罷了。」[28]

標誌6：幸災樂禍

想像一下，如果你看到一篇文章以這樣的句子開頭：「由於爭吵和糟糕的計畫，這週末召開的〔任何小組名稱〕會議轟然決裂。」有沒有哪一個意識型態團體的名字可以出現在這句話裡，會讓你笑著期待文章中等待你的是一種甜蜜的幸災樂禍？

從羞辱你反對的意識型態團體的新聞中獲得快樂，是一種「對立認同」（oppositional identity）的標誌，這是一種由反對的那方所界定的認同。我們很容易會予以忽略，因為它們通常不涉及標籤，但同樣會扭曲你的判斷。假如你不喜歡嬉皮、科技迷、自由主義者、原教旨主義者或其他任何意識型

態團體，這就給了你相信任何似乎有損他們世界觀的東西的動機。你覺得吃素的人很討厭嗎？你會歡迎任何關於素食飲食不健康的消息。喜歡嘲笑科技迷嗎？你可能不會太過嚴謹地看待任何關於科技公司的熱門文章。

標誌7：綽號

你已經聽過政治和文化「話語」（discourse）中的標準稱謂：「SJW」（Social Justice Warrior，社會正義戰士，或稱正義魔人）、女權納粹（feminazis）、宅男（neckbeards）、玻璃心（snowflakes）、覺醒人士（Woke Brigade）、自由派蠢貨（libtards）等等。*「媽媽戰爭」也有所謂「哺乳主義者」（lactivist）、「母乳哺育捍衛者」（Breastapo）和「防禦性配方奶餵養者」（defensive formula feeders, DFFs）等綽號。沒有孩子的人有時把有孩子的人稱為「飼養員」（breeders），或把孩子稱為「後代」（spawn）。然後是通用的綽號：白痴、怪人、低能、瘋子……

如果你在談論一個特定問題時使用這類稱謂，這表示你把它視為人與人之間的鬥爭，而不是思想之間的爭戰。這並不一定意味著你在這個問題上的立場是錯誤的，或者另一方是正確的，但它確實意味著你的情緒可能影響了你的判斷。

---

* 編按：在台灣一般比較常見的詞彙例如，女拳、女權自助餐、玻璃罩丸、塔綠斑、9.2、覺青、蠢左等等。

標誌8：不得不捍衛自己的觀點

你越是與他人爭論某個立場，尤其是在公共場合，這個立場就越會與你的自我和聲譽聯繫在一起，之後就更難放棄這個立場。

如果你在工作中以支持快速成長而非緩慢成長而聞名，或對某個專案看空而不是看多，或支持「數據驅動」（data-driven）政策而不是憑直覺判斷，那麼這些立場就像是你身分認同的一部分。如果你在你朋友圈中是以支持混合健身、另類療法或在家自學而聞名，則情況也是如此。

如果你為了反對不公平或咄咄逼人的批評，不得不為自己的觀點辯護，那麼問題就更複雜了。現在，改變自己的主意就像拱手讓敵人贏一樣。有位曾經認為自己不想要孩子的女性最終還是決定要孩子，她承認改變主意尤其困難：「因為人們總說『哦，你會改變主意的！』這讓我感覺自己的觀點是錯的。所以我真的很生氣，此舉會證明他們是對的。」[29]

我們傾向於將信念轉化為身分認同，問題並不在於它讓我們彼此對立。至少，這不是我在此關注的問題。彼此和睦相處也很重要，只是已超出本書討論範圍。

身分認同的問題在於，它會破壞你清晰思考的能力。認同一種信念會讓你覺得有必要準備好保護它不受攻擊，這會促使你集中注意力收集有利於它的證據。身分認同會讓你

本能地反對那些感覺像是在攻擊你或你的群體地位的論點。
這就會讓一些諸如「母乳哺育的健康益處有多大？」等經驗
性問題，變成了「我是個好母親嗎？我是優秀的女性主義者
嗎？我的朋友會指責我嗎？『我這方』是被證明為正確的，
還是被羞辱了？」這樣的問題，而這些問題往往更容易讓人
情緒化，也更難理清思路。

　　當一種信念成為你身分認同的一部分時，你就很難改變
自己的想法，即便事實已有巨大改變。1980 年代，有越來越
多的證據顯示，愛滋病毒可經由母乳傳播。美國疾病控制和
預防中心（CDC）迅速發布了一項宣告，建議體內帶有愛滋
病毒的母親應避免母乳哺育。但倡議母乳哺育的人士反對這
項警告。[30] 母乳本來就是好的、有益健康，且是自然的，不
可能有危險。此外，他們對 CDC 的動機持懷疑態度，多年來
一直與 CDC 爭執不休。他們認為，CDC 很可能受到支持配方
奶粉遊說團體的控制。

　　直到 1998 年，在累積大量新的證據之後，主要的母乳哺
育組織才承認愛滋病病毒可經由母乳傳播，並在倡導母乳哺
育時向新手媽媽們承認這個事實。到那時，許多嬰兒早已不
必要地染上這種疾病。讓信念變成身分認同，可說是名符其
實的致命之舉。

14

輕持身分認同

別輕易貼上任何標籤，依循實證、靈活地思考。

　　當我第一次注意到自我身分認同對我們的思考有多麼大的影響時，我很震驚。大約十年前，科技投資家保羅・格雷厄姆（Paul Graham）發表了一篇關於這個話題的熱門文章，題為「維持小的我執」（Keep Your Identity Small）。在該文中，格雷厄姆指出我在前一章所描述的問題，並警告說：「你給自己貼上的標籤越多，你就會越笨。」[①] 受到格雷厄姆文章的部分啟發，我決定避免與任何意識型態、運動或團體有所關聯。

　　我的這個計畫很快就出了問題。

　　首先，事實證明，避免貼標籤很令人為難。那時，我或多或少吃一點素；當有人籌劃一個晚宴，詢問我是否有任何飲食限制時，簡單回答「我吃純素」要比說「嗯，我不吃蛋奶類及肉類」容易得多，也不那麼令人困惑。此外，限制飲

食已經夠我家人和朋友受的了。當有人說我是「純素食主義者」時，我絕對不會插話糾正他們：「實際上，我更喜歡被稱為一個吃純素飲食的人。」

更糟糕的是，有些我想要幫助的事業，一些我真心相信在做好事的團體和運動，例如有效利他主義。*如果我不願意公開表示自己支持這些運動，那就很難幫助傳播他們的理念。

我確實在嘗試變成「無我」的過程中做出持久的改變。例如，我不再稱自己為民主黨人，即使我已經正式註冊為民主黨人。但我最終接受了一個事實，那就是在過程中你能走多遠是有限度的。你需要做的是阻止這些身分認同殖民你的思想和價值觀。我稱之為「輕持你的身分認同」（holding your identity lightly）。

什麼是輕持你的身分認同

輕持身分認同意味著以一種實事求是的方式看待，而不是將之視為你生活中驕傲和意義的核心來源。身分認同只是一種描述，而不是一面可以任你自豪揮舞的旗幟。

---

* 這是我在第 12 章中提到的運動，利用理性和證據來尋找最有效的行善方式。

　　我有個朋友名叫班，過去一直自認為是女性主義者。當他聽到反對女性主義的言論時，他會覺得自己的族群遭受攻擊；他經常發現自己處於防禦狀態，忍不住跳進爭論中，回應任何對女性主義的批評。

　　所以班決定輕持自己的身分認同。當人們問他是不是女性主義者時，他通常還是會回答「是」，因為這個標籤基本上仍然是對他觀點的準確描述。但在內心深處，他認為自己更像是一個「認同女性主義共識中大多數觀點的人」。

　　這聽起來可能區別不大，但從內在感覺起來非常不同。班說：「我比較容易就這些辯論的優點展開討論，所以我在一些議題上改變想法。」更重要的是，此舉壓制了他所謂的「某人在網路上是錯誤的！」衝動，一種想要在網路上針對女性主義展開毫無成效爭論的衝動。

　　當輕持身分認同的人，其所在的政黨贏得選舉時，她會感到高興。但高興的原因是，她期許自己的政黨能將這個國家領導得更好，而不是因為敵對黨派遭受恥辱性的失敗。她不想嘲笑失敗者，就像一些民主黨人在歐巴馬 2012 年獲勝後對「右翼分子耍脾氣」[2] 幸災樂禍一樣，也不想像一些共和黨人在川普 2016 年獲勝後享受「自由派的眼淚」那樣。

　　輕持身分認同意味著把身分認同當作有條件、視情況作更動的：「只要自由主義在我看來仍然是正義的，我就是自由主義者。」或者「我是女性主義者，但如果出於某種原因，我開始相信它會造成傷害，我就會放棄這項運動。」它意味

著保持你自己的信念和價值觀，獨立於你身處族群的信念和
價值觀之外，並注意到（至少在你自己的頭腦中）這兩者出
現歧見之處。

你可以不在乎身分

在貝利‧高華德（Barry Goldwater）的一生中，他被稱為
「共和黨人先生」、「共和黨英雄」、「現代美國保守主義
之父」，以及「美國保守運動的英雄」。就某種意義上來說，
這個標籤是正確的：高華德是一個狂熱的反共產主義者，他
相信小政府和州政府的權利。但高華德對自己的共和黨身分
卻出奇地輕描淡寫。在他第一次參議院競選集會上，他宣布
說：「我不是一個盲目的共和黨人」，並警告他的聽眾，如果
他不同意共和黨的觀點，也就不會遵從。[3]

這是他在整個職業生涯中信守的競選承諾。

1970 年代，當共和黨總統理查‧尼克森（Richard Nixon）
因非法竊聽及其他罪行而遭受審查時，高華德公開力促他要
誠實。當白宮試圖將調查描繪成民主黨人為了抹黑總統而進
行的黨派鬥爭時，高華德為主導調查的民主黨參議員的正直
辯護（「我還沒發現他發表過任何黨派聲明」）。[4] 當對尼
克森不利的證據越來越多，尼克森仍遲遲不表態時，高華德
率領一個代表團到白宮告訴尼克森，他已失去參眾兩院的支

持，應該被定罪。第二天，尼克森辭職了。⑤

　　1980 年代，共和黨總統隆納·雷根（Ronald Reagan）聲稱他對伊朗門事件（Iran-Contra Affair）毫不知情，高華德對此表示懷疑且說出他的疑慮。一位當時曾報導過高華德的記者回憶說：「這就是典型的高華德，讓自己對真相的看法壓倒了黨派和友誼。」⑥

　　雖然高華德從未放棄過他的核心保守黨原則，但他對特定議題的看法偶爾也會改變。他開始意識到，同性戀權利是由他自己的原則所決定的。高華德說：「你不必同意他們，但他們是同性戀，這是憲法賦予的權利。」⑦這並沒有使他受到其他保守派人士的喜愛。他在 1980 年代支持墮胎的決定也是如此，當時他投票贊成最高法院在羅伊訴韋德案（Roe v. Wade）中支持墮胎的裁決。

　　1994 年，民主黨總統比爾·柯林頓（Bill Clinton）因對白水開發公司（Whitewater Development Corporation）進行可疑投資而接受調查。共和黨人指控他和他的妻子希拉蕊·柯林頓（Hillary Clinton）捲入了包括詐欺在內的嚴重罪行。這時，高華德已經高齡 85 歲，滿頭白髮，靠一根拐杖支撐著身體。他不怎麼喜歡柯林頓。他曾經告訴一位記者，柯林頓對外交政策「一竅不通」，並補充道，「柯林頓能做的最好的事情就是閉嘴，我想我曾寫信給他說過這件事，但我不確定。」⑧

　　然而，他花了一整晚仔細研究白水事件指控的細節，希望形成一個公平的看法。隔天，他在家中召開記者會，分享

他的結論：共和黨人沒有理由反對克林頓。他宣布：「我還沒聽到任何消息表明這是件嚴重的大事。」[9] 其他共和黨人則不太高興。民眾憤怒的電話如潮水般湧進共和黨總部和電台節目，一位保守派脫口秀主持人抱怨道：「高華德應該知道，當你的政黨正忙得不可開交，對著樹上狂吠時，你不能叫狗離開。」[10]

高華德對這些批評的回應一如既往地直率。「你知道嗎？」他說。「我一點也不在乎。」

活用意識型態圖靈測試

1950 年，電腦科學家先驅艾倫・圖靈（Alan Turing）提出了一種測試方法，可用來判斷人工智慧是否真有意識：它能像人類一樣通過測試嗎？如果讓一排評審同時與人工智慧和真人對話，他們能否確實分辨出誰是誰？

這現在被稱為圖靈測試。經濟學家布萊恩・卡普蘭（Bryan Caplan）提出的「意識型態圖靈測試」（The ideological Turing test），就是基於類似的邏輯。[11] 這是判斷你是否真正理解一種意識型態的方法：你能否像一個信徒那樣解釋該意識型態，且足夠令人信服，以至於其他人無法分辨你是否為真正的信徒？

如果你認為 Haskell 是最好的程式語言，你能解釋一下為

什麼有人會討厭它嗎？

如果你贊成合法墮胎，你能解釋一下為什麼有人不贊成嗎？

如果你百分之百認為氣候變遷是一個嚴重的問題，你能解釋為什麼有人會持懷疑態度嗎？

理論上，你可以諮詢「另一邊」的信徒，看看你是否通過測試。但並不總是行得通。此舉非常費時，而且你可能不容易找到你信任的聽眾，讓他們真誠地傾聽你的努力。大多數時候，我把意識型態圖靈測試當作一種「北極星」，一種指引我思考的理想：我對另一方的描述至少聽起來像是他們可能會說或支持的東西嗎？

以這個標準來衡量的話，大多數的努力顯然都達不到要求。* 在此舉個恰當的例子，試想一個自由主義部落客企圖建立保守的世界觀。她開頭寫道：「在這個世界分崩離析的慘澹時刻，如果我能說點什麼的話，那就是：保守派，我理解你們。你們可能不希望從自由派身上聽到這樣的話，但我是真的理解你們。」[12]這是一個誠摯、認真的開始，但她試圖同情保守派的努力很快就變成了諷刺。以下是她對於保守派在不同主題上的看法：

---

* 這也包括測試倡導者自己所做的許多嘗試。我曾經看到有人談論通過意識型態圖靈測試有多麼重要，然後補充道：「當然，人們通常不想這麼做，因為他們害怕自己會改變主意。」這聽起來像是不想做意識型態圖靈測試的人會給出的理由嗎？對我來說不是。

　　關於資本主義：「位居社會頂層的人應該擁有盡可能多的東西。這是自然秩序……這不是祕密；只是不要偷懶。為什麼每個人又窮又懶？」

　　關於女性主義者：「那些女人製造噪音、提出要求、占據空間……他們以為自己是誰啊？」

　　關於墮胎：「多麼滑稽可笑……女人為自己做這些激進的決定。」

　　關於同性戀和跨性別者：「他們不應該存在。他們根本是錯誤。他們一定是。但等一下，不，上帝不會犯錯……哦，親愛的。你不知道發生了什麼事，你也不喜歡這樣。這使你感到頭暈、失控。」

　　幾乎沒有必要讓保守派的人閱讀這篇文章，就可以預測到這鐵定不會通過意識型態圖靈測試。首先，她對資本主義的「保守」看法聽起來就像卡通裡的惡棍。而關於女性占據空間及為自己做決定的語言，是自由主義者構建這些問題的方式，不是保守派。此外，她對保守主義者的印象是，突然意識到自己對跨性別者和同性戀族群的看法前後矛盾（「他們根本是錯誤……但等一下，不，上帝不會犯錯」），這看來就像是她忍不住所使出的抨擊。

　　她終究情不自禁回復到自己的聲音，一個憎恨保守派的自由主義者的聲音，儘管她試圖以保守主義者的身分說話。整個效果讓人想到一個小學童的笑話，他從「媽媽」那裡遞

給老師一張紙條：「親愛的老師，請原諒比利今天生病不能來學校。祝好，我的媽媽。」

意識型態圖靈測試通常被視為對你知識的測試：你對對方信念的理解有多徹底？但也可以作為一種情感測試：你是否把自己的身分認同看得夠輕，以至於能夠避免諷刺你意識型態上的對手？

甚至願意嘗試進行意識型態圖靈測試都是有意義的。強烈持有自己身分認同的人，通常會對試圖「理解」他們認為錯誤或有害的觀點感到厭惡。因為此舉感覺像是一種尊重的表現，或者好像你在幫助和安慰敵人。但如果你想要有機會真正改變人們的觀點，而不是僅僅對他們的錯誤感到厭惡，那麼理解這些觀點是必須的。

成功說服他人的關鍵

2014 年 3 月，電視女演員克莉絲汀・卡瓦拉瑞（Kristin Cavallari）宣布，她和丈夫決定不給孩子接種疫苗。他們做了很多研究，讀了很多書，他們覺得不值得冒這樣的風險。有位記者冷笑回應道：「哦，書，你說你讀書？」接著他對觀眾說：「最後一次，不要再聽那些傻電視明星亂講話，開始聽醫生的話。給你的孩子接種疫苗吧，否則你就是個糟糕的父母。言盡於此。」[⑬]

　　但到底，他的觀眾會是哪些人呢？他假設的觀眾究竟是什麼樣的人，會因為被嘲笑、被稱為糟糕的父母，甚至沒有得到任何令人信服的理由，說明他們的恐懼是毫無根據的，因此而被說服？

　　另一名記者回應卡瓦拉瑞聲明的方式，是寫了一本疫苗教育指南。[14] 乍看之下，這似乎是一個有為的步驟，但指南中的語言充滿對疫苗懷疑論的輕蔑（「反科學的胡言亂語」），以及對讀者的傲慢（「疫苗是安全的。是的，再讀一遍。」）。

　　該指南也完全沒有抓到要點。為了證明疫苗的安全性，這位記者引用衛生部的說法，並提到「科學測試」已經證明疫苗是安全的。但疫苗懷疑論者早就知道主流醫療機構聲稱疫苗是安全的。問題是他們不相信這些機構。引用這些官方機構的說法，只會證實他們對你的懷疑，認為你不懂。

　　總歸一句：**當你覺得自己在道德和智力上都優於別人時，就很難改變他人的想法**。正如梅根‧麥卡德爾令人難忘的一段話：「我花了好幾年時間在網路上寫作，才學會一條幾乎是評論的鐵律：你的訊息讓你自我感覺越好，你說服別人的可能性就越小。」[15]

了解對方，改變他的想法

　　亞當‧蒙格蘭（Adam Mongrain）是一名記者，他曾對疫

苗懷疑論者嗤之以鼻。他說：「這不只是我知道他們對疫苗的看法是錯誤的，事情遠不止這樣。我還相信自己在智力和道德上都優於那些人……我已善於裝出一種臉，任何時候只要有人提出對於疫苗的質疑，我就會面露震驚、不苟同的表情。」⑯

蒙格蘭的態度在他與一位堅決反對給孩子接種疫苗的單親媽媽成為朋友並結婚後開始轉變。他不能把她當白痴打發掉。在他們有機會討論到疫苗的話題之前，他早已認識她、尊重她，認為她是一個聰明且有愛心的人。相反地，蒙格蘭開始試圖思考，一個聰明而有愛心的人如何會成為疫苗懷疑論者。隨著他們關係的進展，他了解到幾件事。

首先，有人不相信專家對於疫苗的共識，這並不荒唐。在警示性方面也有一些悲慘的先例，諸如含鉛油漆、菸草和放血，這些都曾是大眾確信為安全的事物。因此，當專家自信滿滿地說，「相信我們，疫苗是完全安全的，」你真能責怪有人持懷疑態度嗎？蒙格蘭的妻子也出於個人原因不信任醫生。在她十幾歲的時候，她經歷了一次糟糕的毒品之旅，並擔心藥物對她大腦造成的長期副作用。當她去看醫生的時候，醫生毫不理會她的顧慮，這讓她很沮喪。

一旦你已經準備好懷疑疫苗和主流藥物，便很容易找到證據來證實這些懷疑。有一個龐大的替代醫學產業，大量炮製關於兒童注射疫苗後變成自閉症的文章。事實上，蒙格蘭的姨子（太太的姊姊）也是這個產業的一員。她自稱是一位

「自然療法專家」，曾廣泛研究疫苗，且相信疫苗有毒。當蒙格蘭的妻子因為疫苗問題而感到難以抉擇時，她會和她姊姊談談，重新拾回對疫苗的懷疑。

蒙格蘭意識到，閱讀能證實你信念的資料，以及相信那些與你親近的人等這類行為，並非疫苗懷疑論者所獨有。只是不幸的是，這種普遍的傾向有時會產生有害的結果。

一旦蒙格蘭覺得自己能夠理解反對疫苗的立場，他就會找機會與妻子討論這個話題，而不是表現得像個傲慢的混蛋。2015 年夏天，他發現了一個機會。就在那時，他得知一種名為 Pandemrix 的新型流感疫苗被發現會引發兒童的嗜睡症，醫學界和主流媒體因為害怕被反疫苗者攻擊，因而遲遲不承認這一事實。

幸運的是，沒過多久引發的症狀就恢復正常了，但蒙格蘭覺得，這個故事仍然是他可以對妻子的擔憂做出的合理讓步。他說：「像 Pandemrix 這樣的故事讓我能真誠地吸引她的關注，承認有時藥物會出錯，而媒體可能是同謀，我把這件事告訴太太，以表示我在意她的擔憂，且這些擔憂是我能接受的。」[17]

承認自己「這方」的弱點，可以讓另一方的人知道，你不是一個鸚鵡學舌的信仰狂熱分子，你的話可能值得一聽。在與蒙格蘭針對疫苗問題進行幾次這類低風險、非對抗性、真誠的對話之後，蒙格蘭的妻子最後主動決定讓女兒在那年稍晚接種疫苗。

輕鬆看待身分認同

強烈的自我認同會扭曲你的思考能力。非黑即白的道德清晰感，一定要站在正義的一方，與邪惡戰鬥，這些都是士兵心態的理想條件。

但如果這些也是行動主義的理想條件呢？改變世界需要熱情、奉獻精神、犧牲。士兵或許有一種偏袒、非黑即白的世界觀，但至少他富有那種愚公移山的熱情。反觀偵察兵，雖然是令人欽佩的公正思想家，只是太過冷靜且糾結於細微差別，從來不會採取行動。

常理大約就是這樣運作，讓我們來看看它是否經得起推敲。

首先請注意，不是所有「採取行動」的方式都是相同的。有些行動比其他行動更有影響力，而有些行動更能確認、證實你的身分（讓你充滿「為正義而戰」的滿足感）。偶爾，會有一種行為在這兩個面向都有很好的表現。想像一下，一個充滿熱忱的民主黨人，在一個搖擺州為民主黨候選人幫忙競選工作。他夜以繼日地為勝利而戰，這既肯定了他的身分，也產生了影響，在一場勢均力敵的重要席位角逐中，競選團隊的努力確實能發揮作用。

然而，行動派通常會面臨身分和影響之間的權衡：你持有的身分認同越輕，你的影響力就越大，因為你願意放棄身分來換取影響力。在第 10 章中，我提及人道聯盟如何從最初

為實驗室動物抗議的策略，轉向與大公司談判，以獲得對農
場動物更加人道的待遇。從受影響動物的數量來看，這種策
略的轉變將他們的影響力提高了數百萬倍。但從身分認同的
角度來看，與一個「邪惡的公司」搞好關係並不是那麼吸引
人。

相反的，許多確認身分的行動對現實世界的影響並不
大。想想有人在自己的車上貼保險桿貼紙，或者在網路上對
著持有錯誤觀點的陌生人大吼大叫。有些確認身分的行為甚
至帶來負面影響，對你的目標起反作用。你可能知道有些活

舉例說明：各種類型的行動主義如何在「身分認同」和「影響」層面上表現不同

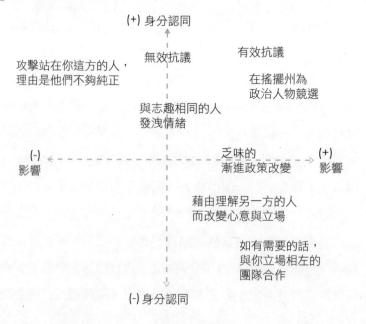

動家，他們花費大量的精力與其他有著 95% 相同意見的活動家，針對彼此之間的那 5% 歧見鬥爭。西格蒙德・佛洛伊德（Sigmund Freud）將其稱為「微小差異的自戀主義」（narcissism of small differences）：為了確認你的身分，最具吸引力的鬥爭，往往是有助於將你與意識型態上相近的人區分開來的鬥爭。

　　有效的行動主義者必須足夠輕鬆看待自己的身分認同，以便能夠對實現目標的最佳方式做出清晰的評估，同時仍能充滿熱情地朝著這些目標努力。關於這一點，有一個很好的例子，那就是由一小群偵察兵（公民科學家）努力防止愛滋病大流行的故事。

放棄純正的意識型態

　　在第 7 章曾提及，愛滋病流行初期時我們在紐約遇到了一群名為「治療行動小組」的行動主義者。他們的日常生活背景就是一個滴答作響的時鐘；他們的朋友和愛人在他們身邊以驚人的速度死去，而他們之中的大多數人自己也感染了病毒。

　　1993 年，當令人沮喪的消息傳來，表示 AZT 藥物並不比安慰劑更有效時，這促使活動家們改變方向。在此之前，他們一直向政府施壓，要求立即釋出目前看起來很有前景的新藥，而不是苦等可能需要耗費數年時間的標準測試。他們現

在才意識到，那是基於絕望而產生的錯誤想法。成員之一的
大衛‧巴爾（David Barr）說：「我覺得我學到了重要的一課，
那就是，作為一名治療行動主義者，**在最大程度上，要讓研
究結果決定我所支持和提倡的政策立場。我的希望、夢想和恐
懼不應該引導我所提倡的。**」[18]經過一段時間後，他們的使命
變成了：正確使用科學。

這些成員都不是科學家。巴爾是一名律師；其他行動主
義者則從事金融、攝影或編劇等工作。但他們都是非常積極
的學習者。他們從免疫學基礎教科書開始學起，每週固定參
與一個他們稱之為「科學俱樂部」的聚會，出作業給彼此，
並隨時更新一張他們不熟悉的術語表。

他們還投身於政府研究的政治活動，熟悉資金如何
募集，以及藥物試驗是如何進行的。他們發現到的組織混
亂局面，使他們大為擔憂。一位名叫馬克‧哈林頓（Mark
Harrington）的行動主義者說：「這有點像是我們抵達了《綠
野仙蹤》（*Wizard of Oz*）裡的奧茲國，你已經到了整個系統
的中心，但在簾子後面的卻只是一個笨蛋。」[19]

他們學得越多，就越意識到，以他們目前的行動主義
是不可能贏得這場爭戰的。他們一直專注在引人注目的抗議
活動，例如癱瘓交通，或是把自己拴在政客的辦公桌上。有
天晚上，他們甚至溜到保守派參議員傑西‧赫爾姆斯（Jesse
Helms）的家，在夜幕的掩護下，用一個巨大的避孕套把他的
房子套起來。

　　但是為了改善藥物研發和測試的方式，他們需要深入制度內部，與國家衛生研究院（NIH）的官僚和科學家攜手合作。該決定在其他行動主義者之中並不受歡迎，他們中的大多數人仍然因政府對愛滋病危機反應遲緩、時而冷漠的做法感到憤怒。哈林頓回憶說：「有一種偽類比，說 NIH 就像五角大樓之類的東西，我們不應該和他們見面，他們都是壞人或邪惡的。」[20]

　　老實說，對治療行動小組而言，這也是一個苦樂參半的轉變。他們正在從權力結構的外部「跨進」內部，在這個過程中，他們犧牲了一些意識型態的純度。哈林頓說：「我知道我們不會永遠如此單純和狂熱地相信我們是對的，因為我們真的要參與進來，因此，要對一些實際發生的事情承擔更多的責任。」[21]

　　這種放棄純正意識型態的意願得到了回報。由於這些「公民科學家」對愛滋病研究的尖端知識非常了解，所以沒過多久 NIH 的科學家就開始認真考慮他們的提議。其中一項提議是名為「大型簡單試驗」（large simple trial）的新型研究，由一位名叫斯賓塞・考克斯（Spencer Cox）的行動主義者在自學設計時所發現。有了足夠多的患者，這項研究便能更快提供藥物有效性的答案（只需幾個月，而不是數年），而且不會犧牲嚴謹程度。

　　由於現在他們的見解獲得美國食品藥物管理局（FDA）的重視，他們能夠說服 FDA 專員將他們的研究設計方案提交

給製藥公司，製藥公司因而同意反過來使用考克斯設計的修改版本，測試最新一批的愛滋病藥物。

研究結果在 1996 年 1 月的一次醫學會議上公布。這是戲劇性的結果。其中一種藥物能使患者的病毒載量低於可檢測的水準長達兩年。另一種藥物則降低了一半的死亡率。綜合起來，這些藥物能延緩對愛滋病患者執行死刑。

當斯賓塞‧考克斯坐在觀眾席盯著幻燈片上的結果時，他的雙眼湧出了淚水。他說：「我們做到了，我們會活下去的。」[22] 在接下來的兩年內，美國的愛滋病致死率下降了60%。事情並沒有結束，雖然遠未結束，但形勢終於逆轉了。

與政府科學家合作，最終扭轉了愛滋病的傳播。但輕持自己的身分認同並不意味著總是選擇合作而非破壞。這些早期的破壞性抗議活動，在提高大眾對愛滋病的認識，以及促使政府投入更多資源對抗愛滋病方面，發揮了至關重要的作用。要成為一名有效的行動主義者，你需要根據具體情況，來判斷何時選擇合作，而何時又要選擇破壞最有效。

輕持你的身分認同能讓你盡可能做出上述判斷。這不是你為了表現友善或禮貌而幫別人的忙。輕持你的身分認同是對你自己的一種好處，能讓你的思維保持靈活，不受身分認同的約束，且能隨心所欲地跟隨證據的指引。

15

翻轉身分認同

突破舒適區，堅持真相，出錯也勇於承認。

1970 年的某個晚上，蘇珊・布拉克莫（Susan Blackmore）發現自己人在天花板上，正俯視自己的身體。

布拉克莫當時是牛津大學一年級的新生，主修心理學和生理學。就像許多大學新生一樣，她也開始嘗試毒品，且發現毒品能讓她大開眼界。但正是那次特別的旅行，布拉克莫體會到她的意識離開自己身體，漂浮到天花板上，然後翱翔到世界各地，從此改變了她的人生。

布拉克莫推斷，這一定是超自然現象，證明宇宙和人類意識還有許多是主流科學家所不知道的。她決定將自己的學術重點轉向超心理學（parapsychology），希望藉此找到科學證據，能證明她現在相信是真實存在的超自然現象為真。[①]

布拉克莫後來開始攻讀博士學位，花了數年時間做實驗。她測試人們的心靈感應、預知能力，以及透視力。她試

著和其他研究生、雙胞胎，以及小孩做實驗。她訓練自己看塔羅牌。但幾乎她所做的每一項實驗都只能得到偶然的結果。

當她的實驗偶爾產生重大結果時，她就會很開心。但接下來，「身為一名科學家必須這樣做，」布拉克莫回憶道，「我重複做實驗，檢查錯誤，重新跑統計，改變條件，但每次我不是發現錯誤，就是得到偶然的結果。」最終，她不得不面對這個事實：她可能一直以來都是錯的，或許超自然現象並不是真的。

這是一個難以面對的事實，尤其是因為在那個時候，布拉克莫的整個身分認同都建立在對超自然現象的信仰之上。她曾接受女巫訓練、參加巫師會、穿著新世紀（New Age）服裝、算塔羅牌，以及抓鬼。她的朋友們不相信她會考慮「改弦更張」、加入懷疑者的陣營。所有部落主義的力量都在迫使她堅守信念。

「但在內心深處，」布拉克莫說，「我是一名科學家，而且一直都是。這些結果告訴我一些非常清楚的事情。我錯了！」

翻轉身分認同劇本

布拉克莫的身分認同是超自然現象的信奉者，這讓她很難改變想法，但她最終還是設法改變。這是因為，除了超自

然現象信徒的身分之外，布拉克莫還有第二個身分，一個真理探索者的身分，這個身分強大到足以對抗第一個身分。她自豪於為自己的結論進行徹底的審查，再三檢查結果，並最終相信自己的數據。

這是勇於面對殘酷的事實、改變自己的想法、接受批評，以及聽取反對意見的人的共同主題。偵察心態並不是一件他們不情願做的苦差事，而是他們深刻的個人價值，是他們引以為傲的東西。

在第五部前面的兩章中，我們已經看到了你的身分認同如何成為偵察心態的障礙；認為自己是「女性主義者」或「樂觀主義者」如何在無形中塑造你的思維和行為；以及製造壓力去相信某些事情和捍衛特定立場，不管它們是否正確。這一章則是探討藉由改變劇本，使偵察心態成為我們身分認同的一部分，讓現象為我們服務，而非與我們作對。

我們現在可以回到之前提及的牧師暨《不再約會》的作者約書亞·哈里斯。在第 11 章我們提及他的故事之後，哈里斯開始認真考慮，那些批評他的人可能是對的。也許他的書中提倡婚前守貞的訊息過於極端。也許這真的有損他一些讀者的人際關係和自我價值，儘管並非他本意。雖說如此，他還是難以忍受要否定自己書中的想法。正如他對一位記者所承認的：「這本書對我來說如此困難，部分原因是我有太多身分認同與這本書綁在一起了。它就是我出名的原因。感覺就像是，我這輩子做過的最大一件事，難道真是件大錯

嗎？」[2]

　　身分認同讓哈里斯難以面對真相，但最終，身分認同也是他成功的原因。2015 年，哈里斯辭去牧師一職，進入神學研究院就讀。在他 40 歲的時候，第一次在傳統學校接受全日制教育。原來他從小就在家自學，在他 21 歲因書成名後，他沒上過大學就成為一名牧師。他角色的改變也相應改變了他看待自己的方式。他不再是「有答案的領導者」，而是「有問題的學生」。他發現，新的身分認同讓他更容易懷抱新觀點，即使這些觀點突破他的舒適區極限。[3]

　　到了 2018 年，哈里斯結束他的自我反省並找到答案：他決定停止出版《不再約會》。他在自己的網站上宣布此一決定，並解釋說：「我不再同意它的中心思想：應該避免約會。我現在認為約會對於一個人來說是很健康的一件事，能幫助人發展關係，以及得知伴侶最重要的特質。」[4]

讓艱難的事變值得

　　想像一下，你已經對自己做出以下承諾：在這個星期的每一天，你都會在鬧鐘響起時起床，而不是沉溺於你通常按下貪睡按鈕的習慣。週一早上，鬧鐘在凌晨五點半時響起，但你實在累壞了，很想食言。現在，請比較以下兩件你可以用來激勵自己從床上爬起來的事情：

1. 「我不應該違背自己的諾言。」
2. 「我是那種會信守承諾的人。」

第一項陳述根據你的義務來描述情況。「不應該」這個詞暗指一個象徵性的父母或其他權威人物在對你搖手指。假如你下了床，感覺會是很不情願，就像你在強迫自己做某事。但相較之下，第二種說法乃是根據你的身分認同來描述情況。起床是對你價值觀的一種肯定，證明你能成為你想成為的那種人。

偵察心態也是如此。如果你對於身為一名偵察兵感到自豪，當別人不同意你的觀點時，你會較容易抵制嘲笑他的誘惑，因為你可以提醒自己：「我不是那種會奚落的人」，並因此而感到自豪。當你犯錯時，也會較容易承認錯誤，因為你可以告訴自己：「我不會為自己找藉口」，同時有一種滿足感。有時候，這種自豪感或滿足感就足以讓偵察兵路徑比士兵路徑更具吸引力。

為什麼前氣候變遷懷疑論者傑瑞·泰勒願意聽取反對他立場的最佳論述，並在得知自己的資料有誤時，再次檢查他的數據？身分認同。他以自己不是政客為榮：

大多數做我這種工作的人，並不是在與另一方最有力的論點和倡導者角力。他們是自己工作份內最好的代言人。我

*想做些更有意義的事。也因此，由於我對自己有更大的抱負，於是我得與另一方最好的論點進行角力。*⑤

你可能還記得，在他與氣候行動主義者鮑伯・利特曼在辦公室進行了那次重要談話之後，他轉向他的同事說：「看來我們的立場被砸了個粉碎。」但他的情緒反應並非絕望或痛苦。相反地，泰勒對那一刻的描述是：「鼓舞人心。」

想想你在一次特別劇烈的健身之後的感覺。你的肌肉酸痛。但你難道不覺得這個雖然不是很舒服的疼痛，其實有點令人滿足嗎？它提醒你，你所做的努力從長遠來看是值得的。如果你的身分認同是偵察兵，上述就會是當你意識到你必須改變想法時的感覺。這並不容易；當你意識到自己犯了一個錯誤，或者和你爭論的那個人其實有道理的時候，你還是會感到有點痛苦。但那輕微的刺痛是在提醒你，你就要達到自己的標準，你逐漸變得更強。因此，這種感覺會讓人感到愉快，就像肌肉酸痛的人在塑身方面取得進展時也會感到愉快一樣。

在第 3 章中，我們看到大腦如何對短期獎勵存有一種內在偏見，從而使得我們條件反射性地更加頻繁使用士兵心態。身分認同就是這個漏洞的補丁。它們改變了情感誘因的格局，讓我們因選擇長期來看才能有所回報的事物，而在短期內就有滿足感。

社群形塑身分認同

　　貝瑟妮・布魯克希爾總在意要把事情做對。但她從以前到現在，承認自身錯誤的能力，或甚至在一開始就注意到錯誤的能力，會隨著她所處的社群而有所波動。

　　上高中時，貝瑟妮是戲劇社的成員。在戲劇社，不完美被認為是學習過程裡正常、意料中的一部分。在這樣的背景下，她發現相對容易覺察並談論自己表演中的缺陷。

　　當她開始攻讀博士學位時，情況有了變化。在競爭激烈的學術界環境中，她的同事會對任何一個承認錯誤的人進行攻擊。貝瑟妮注意到她的大腦試圖「掩蓋」她做錯的事情，而她不得不努力克服這股衝動。

　　十年後，當她離開學術界、成為一名記者時，情況又發生變化。當貝瑟妮指出自己的錯誤時，她的編輯給予真誠的讚賞，她的絕大多數網路讀者也是如此。此時，覺察錯誤又變得容易了。當她對自己在電子郵件中提出的性別偏見進行後續更正時，得到的反應都是讚揚。有人說：「這是令人驚訝的、絕佳的後續更正。」「鼓舞人心！」「我們需要更多這樣的作為。」

　　到目前為止，我幾乎完全專注於討論，在維持周圍世界不變的情況下，身為一個個體，你可以做些什麼來改變你的思維，因為我想讓這本書能讓你馬上現學現賣。但是從中期到長期來看，要改變自己的想法，你能做的最重要事情之一，

就是改變你身處的群體。我們人類是社會生物，因此在不自覺的情況下，我們的身分認同是由我們的社交圈所塑造的。

假設你告訴你的朋友或同事，你不確定你百分百同意他們所有人都認同的某些政治觀點。你覺得他們會對你的論證感到好奇，還是會對你懷有敵意？假設你和你所屬社交圈裡的某個人意見分歧。在回應對方的論點之前，你會願意花點時間考慮一下他們的觀點，或者你覺得你的任何猶豫遲疑都會換來他們勝利的譏笑？

無論你身處哪個社群，你都可以努力誠實地思考。但你的朋友、同事和觀眾，都能為你的這些努力增加阻力或順水推舟。

這也是我被有效利他主義運動吸引的原因之一。核心的有效利他主義組織有一個名為「我們的錯誤」的公共頁面。運動中的重要人士在部落格發表一篇名為「我改變想法的三個關鍵問題」的文章。[⑥] 我所見過的一些有效利他主義者最嚴厲的指責，是針對那些在運動中以一種學術上不誠實的方式向大眾誇大或促進有效利他主義的人。

大多數的有效利他主義者都歡迎好的建設性批評。2013年，我的朋友班・庫恩（Ben Kuhn）在部落格發表了一篇題為「有效利他主義批判」的文章。[⑦] 這引發了一場廣泛的討論，按讚最多的評論都來自其他有效利他主義者，他們都說類似這樣的話：「寫得真好，但感覺你對我們太寬容了。以下是我想提出的一些更有力的批評……」

那年稍早，班申請了 GiveWell 的實習機會，這是最著名的有效利他主義組織之一，但他被拒絕了。在閱讀班的這篇評論之後，GiveWell 主動與他聯繫，並提供給他原本申請的職位。

如同任何社群一樣，有效利他主義並不完美，我可以在班的評論中再加上我自己的批評。但總的來說，這是一種真誠的努力，以獎勵那些讓社群變得更準確的人，而不是那些盲目追隨或為我們的「團隊」歡呼的人。在我所屬的其他社會群體中，我的內心總感受到一種隱含的威脅：「你不能相信這個，否則人們會恨你」，這迫使我的思想遠離某些結論。知道在有效利他主義者中，只要我看起來是在認真努力解決問題，則不同意共識並不會讓我失去任何社交點數，這讓我感到釋懷不少。

選擇吸引誰

媒體稱維塔利克・布特林（Vitalik Buterin）為「先知」、「策劃者」、「天才」，以及「區塊鏈運動最大咖的名人」。他成名於 2013 年，19 歲的布特林與人聯合創立以太坊區塊鏈和相應的加密貨幣「以太幣」（Ether），這是繼比特幣之後最知名的加密貨幣之一。布特林在加密貨幣世界的重要性如此之大，以至於在 2017 年，關於他死於一場車禍的虛假謠言讓

以太幣的價格暴跌，在幾個小時內就蒸發掉數十億美元的價值。

考量到他的名望，你可能會預期他說話絕對像個大師，甚至是邪教領袖。然而，這是一種奇怪的加密貨幣邪教領袖，就像布特林說的那樣：「我只是從來沒有對加密貨幣這個行業有100%的信心。看看我的很多部落格貼文和影片就知道，我始終都不確定。」[8]

他的確如此。在2017年12月加密貨幣狂熱的巔峰期，當加密貨幣總市值達到五千億美元，其他加密貨幣人士對此無不歡呼雀躍的同時，布特林在推特上表示懷疑：「但我們『賺』了嗎？」同時列出整個領域被高估的原因。他一再警告人們，加密貨幣是一個高度不穩定的領域，隨時可能跌至接近零的水平，他們不應該投資任何損失不起的資金。事實上，他在以太坊達到頂峰之前，就將自己持有的25%股份套現了。當一些批評者指責他對自己的貨幣缺乏信心時，他對此不屑一顧，說道：「嗯，我不會為合理明智的財務規劃道歉。」[9]

對於支持和反對他策略性決定的最佳論述，以及以太坊的優缺點，布特林也同樣直言不諱。在一次關於以太坊缺點的線上談話中，他不請自來、直接發言：「在我看來，對以太坊目前最有效的批評是……」並列出七個問題。[10]

這種誠實有時會為他帶來麻煩。批評者無情地轉譯他的話（「布特林坦承他不相信以太坊！」），或指責他沒有保

持積極正向的態度。

那麼為何他還持續這樣做？因為儘管並非所有人都欣賞布特林的風格，但它所吸引的人往往是特別有思想、聰明、像偵察兵一樣的人，而這些正是他想吸引到以太坊的人。他告訴我：「我的風格部分是出於固有的品味偏好，老實說我寧願保留我在推特上最尊重的一千名追隨者；部分原因則是，我真的認為這種文化能增加以太坊成功的機會。」

無論你是開創新公司、為你的文章增加讀者群，或與潛在客戶建立聯繫，你都會因為你的言談舉止而為自己建立一個利基市場。如果你努力當一名偵察兵，你就不會取悅每一個人。然而，正如你的父母在你成長過程中所告訴你的，這是不可能的。所以，你不妨努力取悅那些你最希望在你身邊的人、那些你尊重的人，以及能激勵你做更好自己的人。

選擇線上社群

儘管人們抱怨推特、臉書，以及其他網路上的東西有多麼不好，但他們似乎並沒有投入太多精力為自己創造更好的網路體驗。誠然，網路上充斥酸民、自負的專家、刻薄的脫口秀主持人，以及學術上不誠實的影響者。但你不必關注他們。你可以選擇閱讀、追隨並參與規則的例外情況。

我們訪問了第 11 章曾討論的例外：r/FeMRADebates，這

是女性主義者和男性權利行動主義者之間富有建設性的歧見之家。另一個例子是 ChangeAView.com，這是一個由芬蘭高中生卡爾・特恩布爾（Kal Turnbull）創建的網路社群，成員已超過 50 萬。

在 ChangeAView 上，人們藉由分享他們願意改變想法的觀點來開啟討論串。例如：「改變我的觀點：實際上，沒有什麼可以阻止氣候變遷，」或「改變我的觀點：所有藥物都應該合法。」其他的評論者會回覆貼文，提出反對的觀點，而貼文者則會頒發「delta」獎項給任何在某種程度上使他們改變想法的人。[*] 通常這不是指 180 度的大逆轉，而是一種小的更新；他們觀點的一個例外，或是一個他們從未聽過、也不確定自己是否會買帳的有趣反駁。

大家都想獲得 delta。它們是 ChangeAView 中的狀態貨幣，每個成員的累積 delta 計數都會顯示在個人名字旁邊。時日一久，人們便發展出更能穩定產生 delta 的溝通風格，例如提出明確的問題，以及盡量不直接侮辱那些他們希望改變想法的人。

這有部分是因為明確的社群規則，有部分則是因為被這種社群吸引而來的人們類型，在 ChangeAView 上的討論語氣與網路上的大多數內容截然不同。我們不難找到類似以下的評論，這些評論在其他地方都算是異類：

---

[*] Delta 是一種希臘字母，數學家用以表示增量變化。

◆ 「這是非常有趣的回答，把我帶往一個完全出乎意料的方向。謝謝！」[11]

◆ 「這是我沒有想到的。我認為你值得一個 delta。」[12]

◆ 「我沒有任何反對意見。我認為這可能是迄今我在這裡所看過最有說服力的論點，但我不確定是否因此改變我的想法。我想我還在消化中。」[13]

你在網路上閱讀、關注和交談的人會在無形中形塑你的身分認同，就像那些在你身邊的人一樣。如果你把時間花在讓你感到憤怒、防禦和輕蔑的人身上，只會為你加深士兵心態。相對的，如果你把時間花在 ChangeAView 或 r/FeMRADebates 這樣的地方，則會加深你的偵察心態。你甚至可以為自己創建一個鬆散的「社群」，藉此與那些你看到的具有良好偵察心態的人建立聯繫，舉凡部落客、作家，或任何在社交媒體上的「路人」。

你永遠不知道，如果你真創立了一個社群，會發生什麼事。

2010 年的某個星期，我在網路上關注一場關於某篇部落格文章是否帶有性別歧視的激烈辯論。這位名叫盧克（Luke）、年約 25 歲的部落客插話進來說，他仔細考慮了批評者的觀點，但不認為自己的貼文有什麼錯。不過，他說，他願意改變想法。他甚至發布一份名為「為什麼我可能有錯」

的清單，在其中他總結並連結了到目前為止反對他的一些最好的論點，同時解釋為什麼他沒有被這些論點完全說服。

幾天後，盧克又發表了一篇文章，到那時，該爭論已在多個不同的部落格上出現，共有超過 1,500 則評論。他想讓所有人知道，他已找到一個論點，讓他相信自己最初的貼文是有害的。

盧克承認，他肯定已經失去許多認為他最初貼文有道德錯誤的讀者的支持。「現在，如果我不同意那些為我辯護，並說我的貼文沒有錯的人，我可能會流失更多讀者，」他說。「嗯，這太糟糕了，因為我確實認為這在道德上是錯誤的。」[14]

「哇，」我想。我很佩服盧克在面對巨大壓力時不改其志，也很欣賞他在面對強有力的論據時改變想法。我決定傳訊息給他，分享我的欣賞之情：「嘿，我是茱莉亞・蓋勒芙，我只是想告訴你，我很喜歡你深思熟慮的寫作！感覺你確實在乎什麼是真的。」

「嘿，謝謝！我對你的寫作也有同樣的感覺，」盧克回答道。

那次意見交流十年過後，我們訂婚了。

選擇榜樣

當有一種美德是你所渴望的，你通常可以舉出至少一位

能表現出這種美德，並激勵你去體現它的榜樣。一個雄心大志的企業家可能會提醒自己，其他那些每天工作 18 個小時、吃著拉麵，在自家車庫開店的創業家，當她感到沮喪時，腦海中就會浮現出這些人的景象，並激勵她繼續完成工作。努力對孩子保持耐心的父母們，會記住他們自己的父母、祖父母、老師，或其他成年人，曾在他們年幼時對他們表現出無與倫比的耐心的例子。

偵察心態也是如此。當你和那些特別擅長偵察心態的人交談時，他們通常會提及一個影響自己的榜樣，一個能給他們靈感的人。事實上，這也是我在本書中選擇故事的部分目的。我一直在試圖傳達這個觀念：**偵察心態不僅有用，且人們會覺得它令人振奮，有意義，鼓舞人心。**

不同的人會受到不同事物的啟發，偵察心態也有許多面向，你會想要關注那些能體現對你特別有吸引力的偵察心態面向的人。也許是輕持身分認同並關注影響力的能力，就像愛滋病危機期間的公民科學家。我是從人道聯盟負責人大衛・科曼海迪那裡得知他們的故事，他與他的團隊分享這個故事，做為行動主義者的行為榜樣。科曼海迪告訴我：「對我來說，這是一個最鼓舞人心的故事，這就是我認為行動主義者應該秉持的精神，我們會遇到障礙，我們會對事情做出錯誤判斷，我們將會遭遇失敗……但**我們只需要不斷保持清醒，評估什麼能帶來最大好處。**」

也許激勵你的，是對不確定性感到自在。朱利安・桑切

斯（Julian Sanchez）是一位作家，同時也是華盛頓卡托研究所高級研究員。在大學期間，他主持了對著名政治哲學家羅伯特‧諾齊克（Robert Nozick）的採訪。結果是最後一次採訪。諾齊克於 2002 年去世。這次談話給桑切斯留下了深刻的印象。

桑切斯讀過的大多數哲學家，都以一種咄咄逼人的方式來論證自己的觀點。他們的目標是藉由提出並徹底消除所有潛在的反對意見，來強迫你接受他們的結論。諾齊克的方法則有所不同：「當他處理一項議題時，他會帶著你走過整個思考過程，」桑切斯回憶說，「他不會努力去隱藏任何懷疑或困惑的點，或為了避免承認自己無法解決而經常迴避有趣的話題或提出問題。」[⑮] 這就好像諾齊克在說：我不需要表現得很確定，因為假如我不確定答案，那麼也沒有人能確定。

這種對不確定性的自信態度是桑切斯現在牢記在心，為他自己關於科技、隱私和政治的寫作樹立的榜樣。「諾齊克為我注入美學鑑賞力：這是一種自信和智識的象徵，不需要對每件事情都很確定。」他告訴我。

也許你覺得最鼓舞人心的，是有勇氣直接面對現實。在第 7 章中，我分享了史蒂芬‧卡拉漢的故事，在海上漂流的那幾個星期裡，他的沉著冷靜幫助他做了最壞的打算，且在所有選擇都很嚴峻時做出最好選擇。另一項幫助卡拉漢保持鎮定的，則是一位榜樣：另一位海難倖存者杜戈‧羅伯森（Dougal Robertson）。1972 年船難發生後，羅伯森設法讓自

己和家人在海上存活超過五個星期。

　　羅伯森的回憶錄《浩海孤舟》（*Sea Survival*）是卡拉漢在沉船時從船上打撈上來為數不多的財產之一。他買這本書時沒花多少錢。但他在救生筏上度過的那幾個星期，《浩海孤舟》對卡拉漢來說則是價值不斐的寶物，不僅因為它提供了實用的求生技巧，還因為它在情感上的指引。[16] 羅伯森強調，接受自己身為漂流者的新生活這個現實非常重要，而不是抱著獲救的希望不放。每當有船經過卡拉漢的救生筏，雖然極其近，卻又遠得看不見他時，他就會想起羅伯森的格言：在你的求生航行中，救援將以一個受歡迎的插入之姿出現。

　　就我個人而言，**我發現偵察心態的所有面向都很激勵人心，不論是願意將影響置於身分認同之上，或是對於不確定感到自在，還是面對現實的勇氣。但若要我指出一個我覺得最能鼓舞人心的面向，那就是以智識為榮：亦即渴望真相勝出，並將這個原則置於自我之上。**

　　關於以智識為榮，我發現自己最常想到的例子是關於理查‧道金斯（Richard Dawkins）的一個故事，發生在他就讀牛津大學動物學系的時候。[17] 當時，生物學上對於一種叫做高基氏體（Golgi apparatus）的細胞結構存在重大爭議，它究竟是真實的存在，還是由我們的觀察方法所產生的幻覺？

　　某一天，有位來自美國的年輕訪問學者來到系裡演講，他提出新的令人信服的證據，證明高基氏體確實存在。坐在演講觀眾席的，是牛津大學最受人尊敬的動物學家，一位以

認定高基氏體是虛幻的觀點而聞名的年長教授。所以，當然了，在整個演講過程中，每個人都偷偷看教授一眼，想知道他對此反應如何？他會說些什麼？

演講結束時，這位上了年紀的牛津教授從座位上站起身來，走到講堂前面，伸出手與那位訪問學者握手，說道：「親愛的研究員，我要感謝你。這 15 年我都錯了。」演講廳裡爆出如雷掌聲。

道金斯說：「一想起這件事，我就哽咽。」每次我複述那個故事時，也會哽咽。這就是我想成為的那種人。這個故事也常常激勵我選擇偵察心態，即使是當士兵心態的誘惑非常強烈的時候。

結語

從養成習慣開始

當人們聽說我寫了一本關於如何停止自欺欺人，如何實事求是地看待世界的書時，他們都認為我的世界觀鐵定是一絲不苟。「放棄你的幸福夢想，面對殘酷的現實吧！」事實上，這是一本罕見樂觀的書。它並非不合理的「樂觀」，也就是你應該相信一切都很好；而是合理的樂觀：我認為，誠實地看待目前的處境，代表我們有理由歡呼喝采。

大多數人都認為，我們必須在快樂和現實之間做出選擇。於是他們只有聳聳肩，抬起雙手說道：「好吧，選現實就糟了」，或者有時會說：「好吧，選快樂就糟了」。

這本書的重點主張我們不必選擇。只要加上一點額外的努力和聰明，我們其實可以兩者兼得。我們可以找到應對恐懼和不安全感的方法。面對挫折時，我們可以大膽冒險，堅持不懈。我們可以影響、說服，以及啟發他人。我們可以為社會變革進行有效抗爭。我們可以藉由理解和面對現實做到上述這一切，而不是全然視而不見。

　　「理解並面對現實」的一部分，就是接受這個事實：士兵心態早已是你的一部分。當然，這並不表示你不能改變自己的思維方式。但這意味著你的目標確實應該放在循序漸進地從士兵變成偵察兵，而不是期望自己一夕之間就成為百分之百的偵察兵。

　　在你闔上這本書之前，請考慮制定一個計畫，看看對你來說，要成為偵察兵的漸進步驟會是什麼樣子。我建議你從養成一些偵察兵的習慣開始，不要超過兩三個。以下是可供選擇的一些想法：

1. 下次你做決定的時候，問問自己在當下情況，什麼樣的偏見會影響你的判斷，然後做相關的思考實驗（例如局外人測試，從眾性測試，現狀偏差測試）。

2. 當你注意到自己宣稱一件事時使用肯定語氣（如「不可能……」），自問我有多確定。

3. 下次當你腦海閃現憂慮想法，而你試圖將其合理化時，請制定一個具體的計畫，寫明假如噩夢成真，該如何處置。

4. 找一個和你立場不同，但比一般人更能改變你想法的作者、媒體或其他觀點，一個你覺得通情達理的人，或者和你有一些共同背景的人。

5. 下次當你注意到別人「不理性」、「瘋狂」或「粗魯」的時候，不妨想想為什麼他們會覺得自己做的那些行

為是有道理的。

6. 尋找機會讓自己更新想法，至少更新一點點。你能找到你信念中的一個警告或例外，或者一點實徵證據，讓你對自己的立場稍微動搖、不那麼自信嗎？

7. 回想一下過去你和某人意見分歧，而後來你的觀點有了改變的經驗。請嘗試聯繫那個人，讓對方知道你的想法有最新進展。

8. 請選定一個你堅信的信念，並嘗試進行與該信念相反的另一方的意識型態圖靈測試。（如果你能找到另一方的人來論斷你所做的測試成果，那就更好了。）

　　無論你選擇關注其他哪個習慣，這裡還有一個應該列在你的清單上：留意你自己的動機推論的例子。當你發現其中一個例子時，要為自己注意到而感到自豪。請記住，動機推論是普遍的現象；如果你從未注意到，那可能不是因為你有免疫力。對動機推論有更多的覺察，乃是減少它的必要步驟，你應該對邁出這一步感到高興。

　　我還認為，合理的樂觀主義例子可以延伸到全人類。知道了士兵心態在人類大腦中根深蒂固的程度，以及即使我們是聰明、出於善意的人，也很難注意到自己的士兵心態，更不用說克服它了，意識到這些事實，能讓我對其他人的無理之處更加寬容。（此外，我已注意到此刻自己正有著數不清的動機推論實例，我覺得我沒有任何立場去論斷別人！）

　　說到底，我們不過是一群猿類，我們的大腦是為了保護自己和部落而完善的，而不是為了對科學證據進行公正的評估。因此，為什麼要因為人類在進化過程中並不擅長的事情上，沒有表現出一致的擅長而感到生氣呢？欣賞我們超越自身遺傳限制的方式不是更有意義嗎？

　　確實有很多超越遺傳限制的例子。傑瑞·泰勒本可以輕鬆地繼續為氣候懷疑論辯護，但他關心真相，因而主動為不利於他的證據展開調查，進而改變自己的想法。約書亞·哈里斯原可輕鬆地繼續宣傳《不再約會》這本書的理念，但他選擇聽取批評者的意見，反思他們的故事，最後不再出版這本書。貝瑟妮·布魯克希爾不需要核實自己關於性別偏見的說法，也不需要更正紀錄，但她還是做了。

　　你可以聚焦在人類自欺欺人地扭曲現實的能力，並感到痛苦。或者你可以關注硬幣的另一面，世界上也有許多人像第 1 章提及的喬治·皮夸特上校一樣，他們願意花費數年的生命來確保真理勝出，並為了要達到自己的標準而感覺深受鼓舞。

　　我們不是完美的物種。但我們應該為已獲得的成果感到自豪，而不是為沒有達到理想的標準而沮喪。藉由選擇做少一點像士兵、多一點像偵察兵的行為，我們可以做得更好。

謝辭

我非常感謝 Portfolio 出版社的優秀員工，他們幫助我完成這本書，並在我撰寫、重寫，再重寫的過程中，對我展現出非凡的耐心。Kaushik Viswanath，你的見解總是周密且深刻。Nina Rodríguez-Marty，你最會鼓勵我了。Stephanie Frerich，非常感謝你一開始給我這個機會。我想不出還有比 Inkwell 文學經紀公司的 William Callahan 更好的經紀人了，他用無盡的支持、靈活的方法、機智的建議和正能量，指導我這位首次寫作的作家完成寫作過程。

我能夠與有效的利他主義者相處這麼多時間，實在獲益匪淺，這是一個充滿偵察心態的社群，有許多我所欽佩的人。我感到非常幸運的是，在這樣一個社群裡，人們對於各種想法都認真以對，且以一種「讓我們一起努力，找出為什麼我們會有不同看法」的態度來處理歧見。

無數人慷慨地為這本書貢獻了他們的時間，讓我採訪他們，分享他們的經驗，並以發人深省的方式反駁我的想法。雖然這個列表很不完整，但我想感謝一些人，他們的觀點一直縈繞我心，最終影響了我在書中的觀點：Will MacAskill、Holden Karnofsky、Katja Grace、Morgan Davis、Ajeya Cotra、Danny Hernandez、Michael Nielson、Devon Zuegel、Patrick

Collison、Jonathan Swanson、Lewis Bollard、Darragh Buckley、Julian Sanchez、Simine Vazire、Emmett Shear、Adam d'Angelo、Harjeet Taggar、Malo Bourgon、Spencer Greenberg、Stephen Zerfas 和 Nate Soares。

如果沒有 Churchill、Whistler、Zoe、Molly、Winston，以及 Noe Valley 所有其他狗的幫助（以及牠們的主人讓我能撫摸牠們），這本書可能永遠也寫不完。你們讓我在幾個月漫長寂寞的編輯歲月中保持頭腦清楚。謝謝你們；你們都是最好的狗。

我非常感謝我的朋友和家人，他們在我寫書的過程中給予支持。當我像隱士一樣處於隱居狀態的時候，你們傳給我親切的訊息；當我不得不取消計畫的時候，你們都能理解，且知道什麼時候該避免問：「現在寫得怎麼樣啦？」給我的兄弟 Jesse 和我的朋友 Spencer：每次和你們談論完我糾結的想法之後，我都能獲得清晰的見解，讓這本書變得更好。給我的父母：謝謝你們的愛和鼓勵，你們為我的成長樹立了一個絕佳的偵察心態榜樣。

最重要的是，我要感謝我的未婚夫盧克，因為他是支持我的寶貴支柱、我的試讀者、我靈感的源泉，也是我的榜樣。你幫我打造這本書的論點，提出精彩的建議，在我掙扎的時候安慰我，耐心地聽完我那麼多針對社會科學中糟糕方法論的憤怒咆哮。我找不到比他更好的搭檔了。

附錄 A

史巴克預測

1.	**寇克艦長**：你不能接近其他孩子嗎？ **史巴克**：不可能。他們太熟悉這塊區域了，就跟老鼠一樣。 **寇克艦長**：我要試試看。 *寇克艦長成功了。* [①]
2.	**史巴克**：如果羅慕倫人是我瓦肯人血統的其中一個分支，且我認為這很有可能…… *他是對的。羅慕倫人是瓦肯族的其中一個分支。* [②]
3.	**史巴克**：各位先生，你們若跟著我，很可能會毀掉原本已很渺茫的生存機會。 *每個人都倖存下來。* [③]
4.	史巴克和幾名鑑員被困在一個星球上，他發出求救訊號，同時聲稱自己的行為不合乎邏輯，因為任何人看到這個訊號的機會是零。 *企業號看見了，前去拯救他們。* [④]
5.	寇克艦長因疏失受審。史巴克作證說，寇克「不可能」有罪，因為「我知道艦長的為人」。 *他是對的；寇克實際上是被陷害的。* [⑤]

6.	**寇克艦長**：史巴克先生，那塊殖民地有 150 名男人、女人和小孩。找到倖存者的機會有多大？ **史巴克**：絕對沒有機會，艦長。 *事實上，有許多生還者，不僅活著且活得很好。*[6]
7.	**史巴克**：你所描述的曾在當地被稱為幸福藥丸。而你，身為一名科學家，應該知道那是不可能的。 *事實上，這是有可能的，而且史巴克被投以一顆藥丸。*[7]
8.	**史巴克**：你我都被殺的機率是 2,228.7 比 1。 **寇克艦長**：2,228.7 比 1？機率看起來很渺茫啊，史巴克先生。 *確實是，他們倆都倖存了。*[8]
9.	**寇克艦長**：史巴克先生，我們有辦法解決掉那兩位警衛嗎？你覺得我們逃離這裡的機率有多大？ **史巴克**：很難說，艦長。我會說大約是 7,824.7 比 1。 *他們最後都成功脫逃了。*[9]
10.	**寇克艦長**：那麼，現在（成功逃脫）的機率有多大？ **史巴克**：少於七千比一，艦長。我們能走到這一步已很難得。 *他們最後都成功脫逃了。*[10]
11.	**史巴克**：你的存活機會不大。我們甚至不知道爆炸威力是否足夠強大。 **寇克艦長**：我甘冒這個風險，史巴克先生。 *他存活了下來。*[11]
12.	**寇克艦長**：你覺得能用我們兩個的通訊器製造出聲波干擾嗎？ **史巴克**：可行的機率很小。 *結果可行。*[12]

13.	**麥考伊**：（我們的朋友存活下來的）機率不妙。 **史巴克**：不，我會說機率大約有四百…… 麥考伊打斷他的話，但史巴克可能會說「四百比一」。 事實上，他們的朋友還是活了下來。[13]
14.	**契可夫**：也許是行星際塵雲。 **史巴克**：不大可能，少尉。 確實，他們看到的並非塵雲，而是一種會吸光能量的巨大太空生物。[14]
15.	**寇克艦長**：史巴克，如果你將麥考伊的神經分析儀電路反轉，你能設置一個反向場來干擾癱瘓投影機嗎？ **史巴克**：我懷疑成功的可能性，艦長…… **寇克艦長**：有沒有絲毫機會？ **史巴克**：機會很小。 的確，這做法行不通。[15]
16.	**寇克艦長**：史巴克先生，有沒有可能在這個星球上有更先進的文明，有能力打造方尖紀念碑或者開發出偏轉系統的文明？ **史巴克**：這種可能性微乎其微，艦長。感應探測器顯示，這裡只存在一種生命形式。 史巴克是對的。[16]
17.	**史巴克**：艦長，那艘艦艇上面已沒有任何生物了……機率是 0.997。 事實上，那艘艦艇上有一種危險的外星生物。[17]
18.	**寇克艦長**：傳送器有辦法以程式設計成重新塑造我們原本的樣子嗎？ **史巴克**：有機會，但我們失敗的機率是 99.7 比 1。 傳送器運作良好。他們沒事。[18]

19.	**寇克艦長**：你覺得哈里·穆得（Harry Mudd）在下面嗎？史巴克。 **史巴克**：他出現在 Motherlode 的機率是 81%，正負 0.53 的誤差。 的確，穆得確實在那裡。[19]
20.	**EM**：我們都會死在這裡。 **史巴克**：機率很大。 他們沒死。[20]
21.	**EM**：（破壞者）是我們之中的一員嗎？ **史巴克**：約有 82.5% 的機會有可能。 的確，破壞者就在他們之中。[21]
22.	**寇克艦長**：史巴克先生，我們的機會有多大？ **史巴克**：……如果密度沒有惡化，我們應該能夠安然度過。 他們成功了。[22]
23.	**史巴克**：艦長，攔截所有三艘艦艇是不可能的。 寇克成功了。[23]

附錄 B

校準練習答案

第一回合：動物事實

1. 錯。藍鯨，不是大象，才是最大的哺乳類動物。

2. 對。

3. 錯。馬陸是腿最多的動物，有些有多達 750 條腿。蜈蚣最多有 354 條腿。

4. 對。最早的哺乳動物大約出現在兩億年前。恐龍約在六千五百萬年前滅絕。

5. 錯。

6. 錯。駱駝在駝峰中儲存的是脂肪而不是水。

7. 對。

8. 對。大熊貓的食物約 99% 是竹子。

9. 錯。鴨嘴獸是兩種會產卵的哺乳動物之一。另一種是針鼴。

10. 對。

第二回合：歷史人物

11. 孔子（西元前 551 年）出生早於凱撒大帝（西元前 100 年）。

12. 聖雄甘地（1869 年）出生早於斐代爾·卡斯楚（1926 年）。

13. 納爾遜·曼德拉（1918 年）出生早於安妮·法蘭克（1929 年）。

14. 克麗奧佩特拉（西元前 69 年）出生早於穆罕默德（大約 570 年）。

15. 聖女貞德（大約 1412 年）出生早於威廉·莎士比亞（1564 年）。

16. 孫子（西元前 544 年）出生早於喬治‧華盛頓（1732 年）。

17. 成吉思汗（大約 1160 年）出生早於達文西（1452 年）。

18. 卡爾‧馬克思（1818 年）出生早於維多利亞女王（1819 年）。

19. 瑪麗蓮‧夢露（1926 年）出生早於薩達姆‧海珊（1937 年）。

20. 愛因斯坦（1879 年）出生早於毛澤東（1893 年）。

第三回合：國家人口數

21. 德國的人口（8400 萬）比法國（6500 萬）多。

22. 日本的人口（1.27 億）比韓國（5100 萬）多。

23. 巴西的人口（2.11 億）超過阿根廷（4500 萬）。

24. 埃及的人口（1 億）比波札那（200 萬）多。

25. 墨西哥的人口（1.28 億）比瓜地馬拉（1800 萬）多。

26. 巴拿馬的人口（400 萬）比貝里斯（39 萬）多。

27. 海地的人口（1100 萬）比牙買加（300 萬）多。

28. 希臘的人口（1000 萬）比挪威（500 萬）多。

29. 中國的人口（14.3 億）比印度（13.7 億）多。

30. 伊朗的人口（8300 萬）比伊拉克（3900 萬）多。

第四回合：一般科學事實

31. 錯。火星有兩個衛星，火衛一（Phobos）和火衛二（Deimos）。

32. 對。

33. 錯。黃銅是由銅和鋅所製成，不是銅和鐵。

34. 對。一餐匙油大約有 120 卡路里，而一餐匙奶油則最多含有 110 卡路里。

35. 錯。最輕的元素是氫，不是氦。

36. 錯。一般感冒是由病毒所引起，不是細菌。

37. 對。

38. 錯。季節是因地軸的傾斜所造成。

39. 對。

40. 對。

注釋

第 1 章

① 本章對於德雷福斯事件的描述，乃是根據以下文獻：Jean-Denis Bredin, *The Affair: The Case of Alfred Dreyfus* (London: Sidgwick and Jackson, 1986); Guy Chapman, *The Dreyfus Trials* (London: B. T. Batsford Ltd., 1972); and Piers Paul Read, *The Dreyfus Affair: The Scandal That Tore France in Two* (London: Bloomsbury, 2012).

② "Men of the Day—No. DCCLIX—Captain Alfred Dreyfus," *Vanity Fair*, September 7, 1899, https://bit.ly/2LPkCsl.

③ 推廣定向動機概念的論文，是茜娃·昆達（Ziva Kunda）所著〈The Case for Motivated Reasoning〉，出自《心理學公報》（*Psychological Bulletin*）108, no. 3 (1990): 480–98, https://bit.ly/2MMybM5。

④ Thomas Gilovich, *How We Know What Isn't So: The Fallibility of Human Reason in Everyday Life* (New York: The Free Press, 1991), 84.

⑤ Robert B. Strassler, ed., *The Landmark Thucydides* (New York: The Free Press, 2008), 282.

⑥ 這句英語中最著名的比喻，出自喬治·萊卡夫（George Lakoff）和馬克·強森（Mark Johnson）所著《我們賴以生存的隱喻》（*Metaphors We Live By*，中文書名暫譯）一書，Chicago: University of Chicago Press, 1980。

⑦ Ronald Epstein, Daniel Siegel, and Jordan Silberman, "Self-Monitoring in Clinical Practice: A Challenge for Medical Educators," *Journal of Continuing Education in the Health Professions* 28, no. 1 (Winter 2008): 5–13.

⑧ Randall Kiser, *How Leading Lawyers Think* (London and New York: Springer, 2011), 100.

第 2 章

① G. K. Chesterton, "The Drift from Domesticity," *The Thing* (1929), loc. 337, Kindle.

② G. K. Chesterton, *The Collected Works of G. K. Chesterton*, vol. 3 (San Francisco, CA: Ignatius Press, 1986), 157.

③ James Simpson, *The Obstetric Memoirs and Contributions of James Y. Simpson*, Volume 2. (Philadelphia: J. B. Lippincott & Co, 1856).

④ Leon R. Kass, "The Case for Mortality," *American Scholar* 52, no. 2 (Spring 1983), 173–91.

⑤ Alina Tugend, "Meeting Disaster With More Than a Wing and a Prayer," *New York Times*, July 19, 2008. https://www.nytimes.com/2008/07/19/business/19shortcuts.html.

⑥ *Election*, directed by Alexander Payne (MTV Films in association with Bona Fide

Productions, 1999).

⑦ R. W. Robins and J. S. Beer, "Positive Illusions About the Self: Short-term Benefits and Long-term Costs," *Journal of Personality and Social Psychology* 80 no. 2 (2001), 340–52, doi:10.1037/0022-3514.80.2.340.

⑧ Jesse Singal, "Why Americans Ignore the Role of Luck in Everything," *The Cut*, May 12, 2016, https://www.thecut.com/2016/05/why-americans-ignore-the-role-of-luck-in-everything.html.

⑨ wistfulxwaves (Reddit user), comment on "Masochistic Epistemology," Reddit, September 17, 2018, https://www.reddit.com/r/BodyDysmorphia/comments/9gntam/masochistic_epistemology/e6fwxzf/.

⑩ A. C. Cooper, C. Y. Woo, and W. C. Dunkelberg, "Entrepreneurs' Perceived Chances for Success," *Journal of Business Venturing* 3, no. 2 (1988): 97–108, doi: 10.1016/0883-9026(88)90020-1.

⑪ Daniel Bean, "Never Tell Me the Odds," *Daniel Bean Films* (blog), April 29, 2012, https://danielbeanfilms.wordpress.com/2012/04/29/never-tell-me-the-odds/.

⑫ Nils Brunsson, "The Irrationality of Action and Action Rationality: Decisions, Ideologies and Organizational Actions," *Journal of Management Studies* 19, no. 1 (1982): 29–44.

⑬ 情感好處和社交利益之間的區別，是心理學家和進化心理學家在爭論士兵心態真正功能的核心。心理學家經常將動機推論的情感益處描述為一種「心理免疫系統」，其進化是為了保護我們的情感健康，就像我們的免疫系統進化是為了保護我們的身體健康一樣。

心理免疫系統的概念在直覺上是令人信服的。進化心理學家反駁說，唯一的問題是它毫無道理。進化沒有理由賦予大腦讓自己感覺良好的能力。然而，進化賦予我們好看的能力是有原因的。如果我們能讓別人相信我們強壯、忠誠、地位高，則他們會更傾向於順從我們並與我們交配。進化心理學家認為，動機推論的社交好處是它進化的原因，而情感上的好處只是副作用。

還有第三種可能性：在很多情況下，我們使用士兵心態的這種現象根本不是一種進化表徵。我們會這麼做，只是因為它令人感覺良好，而我們也有辦法做到。以此類推，自慰本身並不會進化。但是我們的性衝動進化了，我們的手也進化了……而我們人類想想出如何將兩者結合起來的方法。

⑭ Robert A. Caro, *Master of the Senate: The Years of Lyndon Johnson* III (New York: Knopf Doubleday Publishing Group, 2009), 886.

⑮ Z. J. Eigen and Y. Listokin, "Do Lawyers Really Believe Their Own Hype, and Should They? A Natural Experiment," *Journal of Legal Studies* 41, no. 2 (2012), 239–67, doi:10/1086/667711.

⑯ Caro, *Master of the Senate*, 886.

⑰ Randall Munroe, "Bridge," *XKCD*, https://xkcd.com/1170.

⑱ Peter Nauroth et al., "Social Identity Threat Motivates Science-Discrediting Online Comments," *PloS One* 10, no. 2 (2015), doi:10.1371/journal.pone.0117476.

⑲ Kiara Minto et al., "A Social Identity Approach to Understanding Responses to Child Sexual Abuse Allegations." *PloS One* 11 (April 25, 2016), doi:10.1371/journal. pone.0153205.

⑳ 這一結果出現在：Z. J. Eigen, and Y. Listokin, "Do Lawyers Really Believe Their Own Hype, and Should They? 在談判中也有類似的反效果，學生們在閱讀事實之前被隨機分配到某案例的其中一方，他們會相信自己的一方是正確的，並在談判中要求更多的錢。結果是，他們不太可能達成協議，並且平均得到的錢也更少。請見 George Loewenstein, Samuel Issacharoff, Colin Camerer, and Linda Babcock, "Self-Serving Assessments of Fairness and Pretrial Bargaining," *Journal of Legal Studies* 22, no. 1 (1993), 135–59.

第 3 章

① Bryan Caplan,"Rational Ignorance Versus Rational Irrationality, *KYKLOS* 54, no. 1 (2001): 2–26, doi:10.1111/1467-6435.00128. 在卡普蘭的論文中，他設想人們藉由投注更多精力在他們想要正確信念的問題上，而把更少精力用在他們想要錯誤信念的問題上，藉此操縱他們所採取的信念。有時這就是士兵心態的運作方式，當我們聽到爭論，如果我們處於「我能接受嗎？」模式，則我們就會不加審視地全盤接受。但其他時候，士兵心態需要付出更多的努力，來為錯誤的信念找到理由。

② 關於目前高估現狀的偏誤，以及過度重視顯性訊息的偏誤如何影響我們的決策，其中描述得最好的是：George Ainslie's *Picoeconomics: The Strategic Interaction of Successive Motivational States Within the Person* (Cambridge, UK: Cambridge University Press, 1992).

③ Andrea Gurmankin Levy et al., "Prevalence of and Factors Associated with Patient Nondisclosure of Medically Relevant Information to Clinicians," *JAMA Network Open* 1, no. 7 (November 30, 2018): e185293, https://jamanetwork.com/journals/ jamanetworkopen/fullarticle/2716996.

④ "Up to 81% of Patients Lie to Their Doctors—And There's One Big Reason Why," *The Daily Briefing*, December 10, 2018. https://www.advisory.com/daily-briefing/2018/12/10/ lying-patients.

⑤ Joanne Black, "New Research Suggests Kiwis are Secretly Far More Ambitious Than We Let On," *Noted*, April 4, 2019. https://www.noted.co.nz/health/psychology/ambition-new-zealanders-more-ambitious-than-we-let-on/.

⑥ Mark Svenold, *Big Weather: Chasing Tornadoes in the Heart of America* (New York: Henry Holt and Co., 2005), 15.

第 4 章

① u/AITAthrow12233 (Reddit user), "AITA if I don't want my girlfriend to bring her cat when she moves in?," Reddit, November 3, 2018, https://www.reddit.com/r/ AmItheAsshole/comments/9tyc9m/aita_if_i_dont_want_my_girlfriend_to_bring_her/.

② Alexandra Wolfe, "Katie Couric, Woody Allen: Jeffrey Epstein's Society Friends Close Ranks," *Daily Beast*, April 1, 2011, https://www.thedailybeast.com/katie-couric-woody-allen-jeffrey-epsteins-society-friends-close-ranks.

③ Isaac Asimov, "A Cult of Ignorance," *Newsweek*, January 21, 1980.

④ Richard Shenkman, *Just How Stupid Are We? Facing the Truth About the American Voter* (New York: Basic Books, 2008).

⑤ Dan M. Kahan, " 'Ordinary Science Intelligence': A Science-Comprehension Measure for Study of Risk and Science Communication, with Notes on Evolution and Climate Change," *Journal of Risk Research* 20, no. 8 (2017): 995–1016, doi:10.1080/13669877.2016.1148067.

⑥ Caitlin Drummond and Baruch Fischhoff, "Individuals with Greater Science Literacy and Education Have More Polarized Beliefs on Controversial Science Topics," *Proceedings of the National Academy of Sciences* 114, no. 36 (2017): 9587–92, DOI: 10.1073/pnas.1704882114.

⑦ Yoel Inbar and Joris Lammers, "Political Diversity in Social and Personality Psychology," *Perspectives on Psychological Science* 7 (September 2012): 496–503.

⑧ 這些題目取自兩個最廣泛使用的「僵化」指標。第一項來自右翼威權主義量表，旨在測量「威權人格」。二至四項來自威爾遜保守主義量表，旨在捕捉「威權主義、教條主義、法西斯主義、反科學態度」。G. D. Wilson and J. R. Patterson, "A New Measure of Conservatism," *British Journal of Social and Clinical Psychology* 7, no. 4 (1968): 264–69, doi:10.1111/j.2044-8260.1968.tb00568.x.

⑨ William Farina, *Ulysses S. Grant, 1861–1864: His Rise from Obscurity to Military Greatness* (Jefferson, NC: McFarland & Company, 2014), 147.

⑩ Charles Carleton Coffin, *Life of Lincoln* (New York and London: Harper & Brothers, 1893), 381.

⑪ William Henry Herndon and Jesse William Weik, *Herndon's Informants: Letters, Interviews, and Statements About Abraham Lincoln* (Champaign, IL: University of Illinois Press, 1998), 187.

⑫ Bethany Brookshire (@BeeBrookshire), Twitter, January 22, 2018. https://bit.ly/2Awl8qJ.

⑬ Bethany Brookshire (@BeeBrookshire), Twitter, January 29, 2018. https://bit.ly/2GTkUjd.

⑭ Bethany Brookshire, "I went viral. I was wrong," blog post, January 29, 2018, https://bethanybrookshire.com/i-went-viral-i-was-wrong/.

⑮ Regina Nuzzo, "How Scientists Fool Themselves—And How They Can Stop," *Nature*, October 7, 2015, https://www.nature.com/news/how-scientists-fool-themselves-and-how-they-can-stop-1.18517.

⑯ Darwin Correspondence Project, "Letter no. 729," accessed on January 5, 2020, https://www.darwinproject.ac.uk/letter/DCP-LETT-729.xml.

⑰ Darwin Correspondence Project, "Letter no. 2791," accessed on February 7, 2020, https://www.darwinproject.ac.uk/letter/DCP-LETT-2791.xml.

⑱ Darwin Correspondence Project, "Letter no. 2741," accessed on January 10, 2020, https://www.darwinproject.ac.uk/letter/DCP-LETT-2741.xml.

第 5 章

① Max H. Bazerman and Don Moore, *Judgment in Managerial Decision Making* (New York: John Wiley & Sons, 2008), 94.

② u/spiff2268 (Reddit user), comment on "[Serious] Former Incels of Reddit. What brought you the ideology and what took you out?," Reddit, August 22, 2018, https://www.reddit.com/r/AskReddit/comments/99buzw/serious_former_incels_of_reddit_what_brought_you/e4mt073/.

③ Greendruid, comment on "Re: Democrats may maneuver around GOP on healthcare," Discussion World Forum, April 26, 2009, http://www.discussionworldforum.com/showpost.php?s=70747dd92d8fbdba12c4dd0592d72114&p=7517&postcount=4.

④ Andrew S. Grove, *Only the Paranoid Survive: How to Exploit the Crisis Points That Challenge Every Company* (New York: Doubleday, 1999), 89.

⑤ 這組詞語借用自 Hugh Prather, *Love and Courage* (New York: MJF Books, 2001), 87.

⑥ Julie Bort, "Obama Describes What Being in the Situation Room Is Like─and It's Advice Anyone Can Use to Make Hard Decisions," *Business Insider*, May 24, 2018, https://www.businessinsider.com/obama-describes-situation-room-gives-advice-for-making-hard-decisions-2018-5.

⑦ 一種更微妙的政策觀點現狀偏差測試的描述，可參考：Nick Bostrom and Toby Ord, "The Reversal Test: Eliminating Status Quo Bias in Applied *Ethics*," Ethics 116, no. 4 (July 2006): 656–79, https://www.nickbostrom.com/ethics/statusquo.pdf.

第 6 章

① *Star Trek Beyond*, directed by Justin Lin (Hollywood, CA: Paramount Pictures, 2016).

② *Star Trek: The Original Series*, season 2, episode 11 "Friday's Child," aired December 1, 1967, on NBC.

③ *Star Trek: The Original Series*, season 1, episode 26, "Errand of Mercy," aired March 23, 1967, on NBC.

④ *Star Trek: The Original Series*, season 1, episode 24, "This Side of Paradise," aired March 2, 1967, on NBC.

⑤ "As a percentage, how certain are you that intelligent life exists outside of Earth?," Reddit, October 31, 2017, https://www.reddit.com/r/Astronomy/comments/79up5b/as_a_percentage_how_certain_are_you_that/dp51sg2/.

⑥ "How confident are you that you are going to hit your 2017 sales goals? What gives you that confidence?," Quora, https://www.quora.com/How-confident-are-you-that-you-are-going-to-hit-your-2017-sales-goals-What-gives-you-that-confidence.

⑦ Filmfan345 (Reddit user), "How confident are you that you won't convert on your deathbed?," Reddit, February 3, 2020, https://www.reddit.com/r/atheism/comments/eycqrb/how_confident_are_you_that_you_wont_convert_on/.

⑧ M. Podbregar et al., "Should We Confirm Our Clinical Diagnostic Certainty by Autopsies?" *Intensive Care Medicine* 27, no. 11 (2001): 1752, doi: 10.1007/s00134-001-1129-x.

⑨ 我不得不運用一些創造性思維，將史巴克的各種預測歸入這些類別中。例如，「可能」這個類別既包括史巴克宣稱某件事有「統計機率」的時間，也包括他預測有「82.5% 機會」的時間。為了繪製結果圖表，我將預測「不可能」的機率設為 0%，預測「極不可能」的機率設為 10%，預測「不太可能」的機率設為 25%，預測「可能」的機率設為 75%。總之，這應該被視為對史巴克校準的粗略、印象派描述，而非真正字面上的校準曲線。

⑩ Douglas W. Hubbard, *How to Measure Anything: Finding the Value of "Intangibles" in Business* (Hoboken, NJ: John Wiley & Sons, 2007), 61.

⑪ Robert Kurzban, *Why Everyone (Else) Is a Hypocrite* (Princeton, NJ: Princeton University Press, 2010).

⑫ 本節內容提到的技術改編自：Douglas W. Hubbard, How to Measure Anything: Finding the Value of "Intangibles" in Business (Hoboken, NJ: John Wiley & Sons, Inc., 2007), 58.

第 7 章

① Steven Callahan. *Adrift: Seventy-six Days Lost at Sea* (New York: Houghton Mifflin, 1986).

② Callahan, *Adrift*, 84.

③ Callahan, *Adrift*, 39.

④ Callahan, *Adrift*, 45.

⑤ Carol Tavris and Elliot Aronson, *Mistakes Were Made (But Not by Me): Why We Justify Foolish Beliefs, Bad Decisions, and Hurtful Acts* (New York: Houghton Mifflin Harcourt, 2007), 11.

⑥ Daniel Kahneman, *Thinking, Fast and Slow* (New York: Farrar, Straus and Giroux, 2013), 264.

⑦ Darwin Correspondence Project, "Letter no. 3272," accessed on December 1, 2019, https://www.darwinproject.ac.uk/letter/DCP-LETT-3272.xml.

⑧ Charles Darwin, *The Autobiography of Charles Darwin* (New York: W. W. Norton & Company, 1958), 126.

⑨ *The Office*, season 2, episode 5, "Halloween," directed by Paul Feig, written by Greg Daniels, aired October 18, 2005, on NBC.

⑩ Stephen Fried, *Bitter Pills: Inside the Hazardous World of Legal Drugs* (New York: Bantam Books, 1998), 358.

⑪ David France, *How to Survive a Plague: The Inside Story of How Citizens and Science Tamed AIDS* (New York: Knopf Doubleday Publishing Group, 2016), 478.

⑫ Douglas LaBier, "Why Self-Deception Can Be Healthy for You," *Psychology*

Today, February 18, 2013, https://www.psychologytoday.com/us/blog/the-new-resilience/201302/why-self-deception-can-be-healthy-you.

⑬ Joseph T. Hallinan, *Kidding Ourselves: The Hidden Power of Self-Deception* (New York: Crown, 2014).

⑭ Stephanie Bucklin, "Depressed People See the World More Realistically—And Happy People Just Might Be Slightly Delusional," *Vice*, June 22, 2017, https://www.vice.com/en_us/article/8x9j3k/depressed-people-see-the-world-more-realistically.

⑮ J. D. Brown, "Evaluations of Self and Others: Self-Enhancement Biases in Social Judgments," *Social Cognition* 4, no. 4 (1986): 353–76, http://dx.doi.org/10.1521/soco.1986.4.4.353.

⑯ 的確,如果人們認為自己平均起來比同齡人更好,這就證明至少有些人是在自欺欺人。畢竟,現實世界並不是烏比岡湖(Lake Wobegon),那裡的「所有孩子都高於平均水平」。但也可能有很多,也許是大多數,認為自己在某些方面比同齡人更好的人,只是正確地認為自己高於平均水平。這些人很容易地為我們帶來所觀察到的整體幸福感和成功的增加。

⑰ Shelley Taylor and Jonathon Brown, "Illusion and Well-being: A Social Psychological Perspective on Mental Health," *Psychological Bulletin* 103, no. 2 (1988): 193–210, doi.org/10.1037/0033-2909.103.2.193.

⑱ Robin Gur and Harold Sackheim, "Lying to Ourselves," interview by Robert Krulwich, *Radiolab*, WNYC studios, March 10, 2008, https://www.wnycstudios.org/podcasts/radiolab/segments/91618-lying-to-ourselves.

⑲ 自欺問卷來源於:R. C. Gur and H. A. Sackeim, "Self-deception: A Concept in Search of a Phenomenon," *Journal of Personality and Social Psychology* 37 (1979), 147–69. 在像《The Elephant in the Brain》這樣的暢銷書及 Radiolab 這類流行播客中,它被引用為自欺影響的證據。

第 8 章

① 福特的這句話最早似乎出現在 1947 年出版的《讀者文摘》(*Reader's Digest*)上,而《讀者文摘》並沒有為這句話提供引文。(*The Reader's Digest*, September 1947, 64; via Garson O'Toole, "Whether You Believe You Can Do a Thing or Not, You Are Right," Quote Investigator, February 3, 2015, https://quoteinvestigator.com/2015/02/03/you-can/).

② 這句引言找不到出處。

③ Jonathan Fields, "Odds Are for Suckers," blog post, http://www.jonathanfields.com/odds-are-for-suckers/.

④ Cris Nikolov, "10 Lies You Will Hear Before You Chase Your Dreams," MotivationGrid, December 14, 2013, https://motivationgrid.com/lies-you-will-hear-pursue-dreams/.

⑤ Victor Ng, *The Executive Warrior: 40 Powerful Questions to Develop Mental Toughness for Career Success* (Singapore: Marshall Cavendish International, 2018).

⑥ Michael Macri, "9 Disciplines of Every Successful Entrepreneur," *Fearless Motivation*, January 21, 2018, https://www.fearlessmotivation.com/2018/01/21/9-disciplines-of-every-successful-entrepreneur/.

⑦ William James, "The Will to Believe," https://www.gutenberg.org/files/26659/26659-h/26659-h.htm.

⑧ Jeff Lunden, "Equity at 100: More Than Just a Broadway Baby," *Weekend Edition Saturday*, NPR, May 25, 2013, https://www.npr.org/2013/05/25/186492136/equity-at-100-more-than-just-a-broadway-baby.

⑨ Shellye Archambeau, "Take Bigger Risks," interview by Reid Hoffman, *Masters of Scale*, podcast, https://mastersofscale.com/shellye-archambeau-take-bigger-risks/.

⑩ Norm Brodsky, "Entrepreneurs: Leash Your Optimism," *Inc.*, December 2011, https://www.inc.com/magazine/201112/norm-brodsky-on-entrepreneurs-as-perennial-optimists.html.

⑪ 可以說，傳真機的崛起是布羅德斯基應該預見到的威脅。在過去幾年內，傳真機銷售額每年都翻了一倍，根據 M. David Stone, "PC to Paper: Fax Grows Up," *PC Magazine*, April 11, 1989.

⑫ Ben Horowitz, *The Hard Thing About Hard Things* (New York: Harper Collins, 2014).

⑬ Elon Musk, "Fast Cars and Rocket Ships," interview by Scott Pelley, *60 Minutes*, aired March 30, 2014, on CBS, https://www.cbsnews.com/news/tesla-and-spacex-elon-musks-industrial-empire/.

⑭ Catherine Clifford, "Elon Musk Always Thought Spacex Would 'Fail' and He'd Lose His Paypal Millions," CNBC.com, March 6, 2019, https://www.cnbc.com/2019/03/06/elon-musk-on-spacex-i-always-thought-we-would-fail.html.

⑮ Rory Cellan-Jones, "Tesla Chief Elon Musk Says Apple Is Making an Electric Car," BBC, January 11, 2016, https://www.bbc.com/news/technology-35280633.

⑯ "Fast Cars and Rocket Ships," *60 Minutes*.

⑰ Elon Musk and Sam Altman, "Elon Musk on How to Build the Future." *Y-Combinator* (blog), September 15, 2016, https://blog.ycombinator.com/elon-musk-on-how-to-build-the-future/.

⑱ Paul Hoynes, " 'Random Variation' Helps Trevor Bauer, Cleveland Indians Beat Houston Astros," Cleveland.com, April 27, 2017, https://www.cleveland.com/tribe/2017/04/random_variation_helps_trevor.html.

⑲ Alex Hooper, "Trevor Bauer's Random Variation Downs Twins Again," CBS Cleveland, May 14, 2017, https://cleveland.cbslocal.com/2017/05/14/trevor-bauers-random-variation-downs-twins-again/.

⑳ Merritt Rohlfing, "Trevor Bauer's Homers Have Disappeared," *SB Nation* (blog), May 26, 2018, https://bit.ly/2RCg8Lb.

㉑ Zack Meisel, "Trevor Bauer Continues to Wonder When Lady Luck Will Befriend Him: Zack Meisel's Musings," Cleveland.com, June 2017, https://www.cleveland.com/tribe/2017/06/cleveland_indians_minnesota_tw_138.html.

㉒ "Amazon CEO Jeff Bezos and Brother Mark Give a Rare Interview About Growing Up and Secrets to Success." Posted by Summit, November 14, 2017. YouTube, https://www.youtube.com/watch?v=Hq89wYzOjfs.

㉓ Lisa Calhoun, "When Elon Musk Is Afraid, This Is How He Handles It," *Inc.*, September 20, 2016, https://www.inc.com/lisa-calhoun/elon-musk-says-he-feels-fear-strongly-then-makes-this-move.html.

㉔ Nate Soares, "Come to your terms," Minding Our Way, October 26, 2015, http://mindingourway.com/come-to-your-terms/.

第 9 章

① "Amazon's Source," *Time*, December 27, 1999.

② "Jeff Bezos in 1999 on Amazon's Plans Before the Dotcom Crash," CNBC, https://www.youtube.com/watch?v=GltlJO56S1g.

③ Eugene Kim, "Jeff Bezos to Employees: 'One Day, Amazon Will Fail' But Our Job Is to Delay It as Long as Possible," CNBC, November 15, 2018, https://www.cnbc.com/2018/11/15/bezos-tells-employees-one-day-amazon-will-fail-and-to-stay-hungry.html.

④ Jason Nazar, "The 21 Principles of Persuasion," *Forbes*, March 26, 2013, https://www.forbes.com/sites/jasonnazar/2013/03/26/the-21-principles-of-persuasion/.

⑤ Mareo McCracken, "6 Simple Steps to Start Believing in Yourself (They'll Make You a Better Leader)," *Inc.*, February 5, 2018, https://www.inc.com/mareo-mccracken/having-trouble-believing-in-yourself-that-means-your-leadership-is-suffering.html.

⑥ Ian Dunt, "Remain Should Push for an Election," politics.co.uk, October 24, 2019, https://www.politics.co.uk/blogs/2019/10/24/remain-should-push-for-an-election.

⑦ Claude-Anne Lopez, *Mon Cher Papa: Franklin and the Ladies of Paris* (New Haven, CT: Yale University Press, 1966).

⑧ Benjamin Franklin, *The Autobiography of Benjamin Franklin (New York: Henry Holt and Company, 1916)*, via https://www.gutenberg.org/files/20203/20203-h/20203-h.htm.

⑨ Franklin, *The Autobiography of Benjamin Franklin.*

⑩ Maunsell B. Field, *Memories of Many Men and of Some Women: Being Personal Recollections of Emperors, Kings, Queens, Princes, Presidents, Statesmen, Authors, and Artists, at Home and Abroad, During the Last Thirty Years* (London: Sampson Low, Marston, Low & Searle, 1874), 280.

⑪ C. Anderson et al., "A Status-Enhancement Account of Overconfidence," *Journal of Personality and Social Psychology* 103, no. 4 (2012): 718–35, https://doi.org/10.1037/a0029395.

⑫ M. B. Walker, "The Relative Importance of Verbal and Nonverbal Cues in the Expression of Confidence," *Australian Journal of Psychology* 29, no. 1 (1977): 45– 57, doi:10.1080/00049537708258726.

⑬ Brad Stone, *The Everything Store: Jeff Bezos and the Age of Amazon* (New York: Little,

Brown & Company, 2013).

⑭ D. C. Blanch et al., "Is It Good to Express Uncertainty to a Patient? Correlates and Consequences for Medical Students in a Standardized Patient Visit," *Patient Education and Counseling* 76, no. 3 (2009): 302, doi: 10.1016/j.pec .2009.06.002.

⑮ E. P. Parsons et al., "Reassurance Through Surveillance in the Face of Clinical Uncertainty: The Experience of Women at Risk of Familial Breast Cancer," *Health Expectations* 3, no. 4 (2000): 263–73, doi: 10.1046/j.1369-6513.2000.00097.x.

⑯ "Jeff Bezos In 1999 On Amazon's Plans Before The Dotcom Crash."

⑰ Randall Kiser, *How Leading Lawyers Think* (London and New York: Springer, 2011), 153.

⑱ Matthew Leitch, "How to Be Convincing When You Are Uncertain," Working in Uncertainty, http://www.workinginuncertainty.co.uk/convincing.shtml.

⑲ Dorie Clark, "Want Venture Capital Funding? Here's How," *Forbes*, November 24, 2012, https://www.forbes.com/sites/dorieclark/2012/11/24/want-venture-capital-funding-heres-how/#39dddb331197.

⑳ Stone, *The Everything Store*.

㉑ "Jeff Bezos In 1999 On Amazon's Plans Before the Dotcom Crash."

㉒ "Jeff Bezos 1997 Interview," taped June 1997 at the Special Libraries (SLA) conference in Seattle, WA. Video via Richard Wiggans, https://www.youtube.com/watch?v=rWRbTnE1PEM.

㉓ Dan Richman, "Why This Early Amazon Investor Bet on Jeff Bezos' Vision, and How the Tech Giant Created Its 'Flywheel,' " Geekwire, January 3, 2017, https://www.geekwire.com/2017/early-amazon-investor-bet-jeff-bezos-vision-tech-giant-created-flywheel/.

第 10 章

① Philip E. Tetlock and Dan Gardner, *Superforecasting: The Art and Science of Prediction* (New York: Crown, 2015), 4.

② "GJP also beat its university-affiliated competitors, including the University of Michigan and MIT, by hefty margins, from 30% to 70%, and even outperformed professional intelligence analysts with access to classified data. After two years, GJP was doing so much better than its academic competitors that IARPA dropped the other teams," in Tetlock and Gardner, *Superforecasting*, 17–18.

③ Jerry Taylor, "A Paid Climate Skeptic Switches Sides," Interview by Indre Viskontas and Stevie Lepp, *Reckonings*, October 31, 2017. http://www.reckonings.show/episodes/17.

④ Philip E. Tetlock, *Expert Political Judgment: How Good Is It? How Can We Know?* (Princeton, NJ: Princeton University Press, 2017), 132.

⑤ Tetlock and Gardner, *Superforecasting*.

⑥ 這裡所使用的誤差測量方法是 Brier 分數。超級預測者在一年中（比賽第二和第三年的平均成績）Brier 得分的斜率是 -0.26。而常規預測者的數據是 0。(In Mellers et al., "Identifying and Cultivating Superforecasters as a Method of Improving Probabilistic Predictions," *Perspectives on Psychological Science* 10, no. 3 [2015]: 270, table 1, doi:10.1177/1745691615577794.) Mellers 等人將 Brier 分數定義為：「預測和現實（現實被編碼為 1，否則為 0）之間方差的總和，範圍從 0（最好）到 2（最壞）。假設一個問題有兩種可能的結果，預測者預測結果出現的機率是 0.75，預測結果沒有出現的機率是 0.25。Brier 得分應該是 (1−0.75)2 + (0−0.25)2 = 0.125。」("Identifying and Cultivating Superforecasters," 269.)

⑦ Bethany Brookshire, "I went viral*. I was wrong," BethanyBrookshire.com (blog), January 29, 2018, https://bethanybrookshire.com/i-went-viral-i-was-wrong/.

⑧ Scott Alexander, "Preschool: I was wrong." Slate Star Codex, November 6, 2018, https://slatestarcodex.com/2018/11/06/preschool-i-was-wrong/.

⑨ Buck Shlegeris," 'Other people are wrong' vs 'I am right' " Shlegeris.com(blog), http://shlegeris.com/2019/02/22/wrong.

⑩ Devon Zuegel, "What is this thing?" DevonZuegel.com(blog), https://devonzuegel.com/page/what-is-this-thing.

⑪ Dylan Matthews, "This Is The Best News For America's Animals In Decades. It's About Baby Chickens," Vox, June 9, 2016, https://www.vox.com/2016/6/9/11896096/eggs-chick-culling-ended.

第 11 章

① Earl Warren, National Defense Migration Hearings: Part 29, San Francisco Hearings, February 1942, 11011, https://archive.org/details/nationaldefensem29unit.

② Charles Darwin, letter to Asa Gray, April 3, 1860, https://www.darwinproject.ac.uk/letter/DCP-LETT-2743.xml.

③ Charles Darwin, The Autobiography of Charles Darwin (New York: W. W. Norton & Company, 1958), 141.

④ Star Trek: The Original Series, season 1, episode 16,"The Galileo Seven,"aired January 5, 1967, on NBC.

⑤ Philip E. Tetlock. Expert Political Judgment: How Good Is It? How Can We Know? (Princeton, NJ: Princeton University Press, 2017), 134.

⑥ Bruce Bueno de Mesquita, The War Trap (New Haven, CT: Yale University Press, 1983).

⑦ Deepak Malhotra and Max H. Bazerman, Negotiation Genius: How to Overcome Obstacles and Achieve Brilliant Results at the Bargaining Table and Beyond (New York: Bantam Books, 2008), 261.

⑧ Christopher Voss, Never Split the Difference: Negotiating as if Your Life Depended on It (New York: HarperCollins, 2016), 232.

⑨ 在這一節內文中出現的所有歷史細節，不論是科學家理事會的調查或倫敦順勢療法醫院，都出自：Michael Emmans Dean, "Selective Suppression by the Medical Establishment of Unwelcome Research Findings: The Cholera Treatment Evaluation by the General Board of Health, London 1854," Journal of the Royal Society of Medicine 109, no. 5 (2016): 200–205, doi:10.1177/0141076816645057.

⑩ Comment by u/donnorama, "Whoops," June 18, 2018, https://www.reddit.com/r/antiMLM/comments/8s1uua/whoops/.

⑪ Gary A. Klein, *Sources of Power: How People Make Decisions* (Cambridge: MIT Press, 2017), 276.

⑫ M. S. Cohen, J. T., Freeman, and B. Thompson, "Critical Thinking Skills in Tactical Decision Making: A Model and a Training Strategy," in *Making Decisions Under Stress: Implications for Individual and Team Training*, eds. J. A. Cannon-Bowers and E. Salas (Washington, DC: American Psychological Association, 1998), 155–89, https://doi.org/10.1037/10278-006.

⑬ Sophia Lee, "Hindsight and Hope," *World*, January 28, 2018, https://world.wng.org/2018/01/hindsight_and_hope.

第 12 章

① Rachael Previti, "I Watched Only Fox News for a Week and This Is What I 'Learned,' " *Tough to Tame*, May 18, 2019, https://www.toughtotame.org/i-watched-only-fox-news-for-a-week-and-heres-what-i-learned.

② Ron French, "A Conservative and Two Liberals Swapped News Feeds. It Didn't End Well." *Bridge Magazine*, April 6, 2017, https://www.bridgemi.com/quality-life/conservative-and-two-liberals-swapped-news-feeds-it-didnt-end-well.

③ Christopher A. Bail et al., "Exposure to Opposing Views on Social Media can Increase Political Polarization," *Proceedings of the National Academy of Sciences* 115, no. 37 (2018): 9216–21, doi:10.1073/pnas.1804840115.

④ "Discuss Gender Equality" Reddit, https://www.reddit.com/r/FeMRADebates/.

⑤ proud_slut (Reddit user), comment on "In Defense of Feelings and a Challenge for the MRAs," Reddit, January 19, 2015, https://www.reddit.com/r/FeMRADebates/comments/2sxlbk/in_defense_of_feelings_and_a_chal lenge_for_the/cntu4rq/.

⑥ proud_slut (Reddit user), comment on "You Don't Hate Feminism, You Just Don't Understand It," Reddit, July 24, 2014, https://www.reddit.com/r/FeMRADebates/comments/2bmtro/you_dont_hate_feminism_you_just_ dont_understand_it/cj6z5er/.

⑦ avantvernacular (Reddit user), comment on "Who has positively changed your view of a group from the opposite side on this sub?," Reddit, May 29, 2014, https://www.reddit.com/r/FeMRADebates/comments/26t0ic/who_has_positively_changed_your_view_of_a_group/chubl5t/.

⑧ proud_slut (Reddit user), comment on "I'm leaving," Reddit, August 7, 2014, https://www.reddit.com/r/FeMRADebates/comments/2cx56b/im_leaving/.

⑨ Jerry Taylor, "A Paid Climate Skeptic Switches Sides," interview by Indre Viskontas and Stevie Lepp, *Reckonings*, October 31, 2017. http://www.reckonings.show/episodes/17.

⑩ Jerry Taylor, "Episode 3: A Professional Climate Denier Changes His Mind," interview by Quin Emmett and Brian Colbert Kennedy, *Important Not Important*, podcast, https://www.importantnotimportant.com/episode-3-jerry-taylor-transcript.

⑪　Doris Kearns Goodwin, *Team of Rivals: The Political Genius of Abraham Lincoln* (New York: Simon & Schuster, 2005).

⑫　Cass R. Sunstein, *Going to Extremes: How Like Minds Unite and Divide* (Oxford: Oxford University Press, 2009), 29.

⑬　*Bill Moyers Journal*, aired February 1, 2008, on PBS, http://www.pbs.org/moyers/journal/02012008/transcript1.html.

⑭　"Lincoln put him in the Cabinet and then seems to have ignored him," in T. Harry Williams, "Review of Lincoln's Attorney General: Edward Bates of Missouri," Civil War History 12, no. 1 (1966): 76, Project MUSE, doi: 10.1353/cwh.1966.0034.

⑮　Brian McGinty, *Lincoln and the Court* (Cambridge: Harvard University Press, 2008), 228.

⑯　Scott Alexander, "Talking Snakes: A Cautionary Tale." Less Wrong, March 12, 2009, https://www.lesswrong.com/posts/atcJqdhCxTZiJSxo2/talking-snakes-a-cautionary-tale.

⑰　Sarah McCammon, "Evangelical Writer Kisses an Old Idea Goodbye," NPR News, December 17, 2018, https://www.npr.org/transcripts/671888011.

第 13 章

①　Courtney Jung, *Lactivism: How Feminists and Fundamentalists, Hippies and Yuppies, and Physicians and Politicians Made Breastfeeding Big Business and Bad Policy* (New York: Basic Books, 2015), 19.

②　Kerry Reals, "Jamie Oliver, I Branded Myself a Failure Because of Pro-Breastfeeding Propaganda. Think Before You Speak," *The Independent*, March 20, 2016, https://www.independent.co.uk/voices/jamie-oliver-i-branded-myself-a-failure-because-of-pro-breastfeeding-propaganda-think-before-you-a6942716.html.

③　Glosswitch, "Our Regressive, Insensitive, and Cultish Attitudes Toward Breastfeeding," *New Statesman*, February 11, 2013, https://www.newstatesman.com/lifestyle/2013/02/our-regressive-insensitive-and-cultish-attitude-breastfeeding.

④　Adriana1987, "Breastfeeding Propaganda," BabyCentre, March 7, 2017, https://community.babycentre.co.uk/post/a30582443/breastfeeding_propaganda.

⑤　Eco Child's Play, "The Preemptive Strike on Breastfeeding," March 18, 2009, https://ecochildsplay.com/2009/03/18/the-preemptive-strike-on-breast feeding.

⑥　Jung, *Lactivism*, 50.

⑦　"Breastfeeding vs. Bottle Debate Gets Ugly," ABC News, August 21, 2001, https://abcnews.go.com/GMA/story?id=126743&page=1.

⑧　Lauren Lewis, "Dear 'Fed Is Best' Campaigners, Parents, and Internet Trolls," *Breastfeeding World* (blog), April 14, 2017, http://breastfeedingworld.org/2017/04/fed-up-with-fed-is-best/.

⑨　Justin McCarthy, "Less Than Half in U.S. Would Vote for a Socialist for President," Gallup, May 9, 2019, https://news.gallup.com/poll/254120/less-half-vote-socialist-president.aspx.

⑩　J. Paul Nyquist, *Prepare: Living Your Faith in an Increasingly Hostile Culture* (Chicago: Moody Publishers, 2015).

⑪ Haley Swenson, "Breastfeed or Don't. You Do You," *Slate*, April 30, 2018, https://slate. com/human-interest/2018/04/why-simply-giving-distressed-friends-permission-to-quit-breastfeeding-was-a-total-cop-out.html.

⑫ Stephanie Fairyington, "It's Time for Feminists to Stop Arguing About Breastfeeding and Fight for Better Formula," *The Observer*, September 1, 2012, https://observer. com/2012/09/time-for-feminists-to-stop-arguing-about-breastfeeding-and-fight-for-better-formula/.

⑬ Catskill Animal Sanctuary, "Optimism Is a Conscious Choice," https://casanctuary.org/optimism-is-a-conscious-choice/.

⑭ Morgan Housel, "Why Does Pessimism Sound So Smart?," *The Motley Fool*, January 21, 2016, https://www.fool.com/investing/general/2016/01/21/why-does-pessimism-sound-so-smart.aspx.

⑮ Eli Heina Dadabhoy, "Why Are Those Polyamorists So Damn Preachy?," Heinous Dealings (blog), *The Orbit*, September 23, 2015, https://the-orbit.net/heinous/2015/09/23/poly-preachy/.

⑯ P. R. Freeman and A. O'Hagan, "Thomas Bayes's Army [The Battle Hymn of Las Fuentes]," in *The Bayesian Songbook*, ed. Bradley P. Carlin (2006), 37, https://mafiadoc. com/the-bayesian-songbook-university-of-minnesota_5a0ccb291723ddeab4f385aa.html.

⑰ "Breathing Some Fresh Air Outside of the Bayesian Church,"*The Bayesian Kitchen* (blog), http://bayesiancook.blogspot.com/2013/12/breathing-some-fresh-air-outside-of.html.

⑱ Sharon Bertsch McGrayne, "The Theory That Will Never Die," talk given at Bayes 250 Day, republished on Statistics Views, February 17, 2014, https://www.statisticsviews.com/details/feature/5859221/The-Theory-That-Will-Never-Die.html.

⑲ Deborah Mayo, "Frequentists in Exile," *Error Statistics Philosophy* (blog), https://errorstatistics.com/about-2/.

⑳ Randall Munroe, "Frequentists vs. Bayesians," *XKCD* #1132, https://xkcd.com/1132.

㉑ Phil, comment on Andrew Gelman, "I Don't Like This Cartoon," *Statistical Modeling, Causal Inference, and Social Science (blog)*, November 10, 2012, https://statmodeling. stat.columbia.edu/2012/11/10/16808/#comment-109389.

㉒ Comment on"This is what makes science so damn wonderful,"I Fucking Love Science (group), https://www.facebook.com/IFeakingLoveScience/posts/2804651909555802?comment_id=2804656062888720&reply_comment_id=2804664182887908.

㉓ Amy Sullivan, "The Unapologetic Case for Formula-Feeding," *New Republic*, July 31, 2012, https://newrepublic.com/article/105638/amy-sullivan-unapologetic-case-formula-feeding.

㉔ Suzanne Barston, *Fearless Formula Feeder*, http://www.fearlessformulafeeder.com/.

㉕ Megan McArdle, "How to Win Friends and Influence Refugee Policy," *Bloomberg Opinion*, November 20, 2015, https://www.bloomberg.com/opinion/articles/2015-11-20/six-bad-arguments-for-u-s-to-take-in-syrian-refugees.

㉖ Stephanie Lee Demetreon, "You Aren't A Feminist If...," *Odyssey*, Apri l3, 2017. https:// www.theodysseyonline.com/youre-not-really-feminist.

㉗ DoubleX Staff, "Let Me Tell You What the Word Means." *Slate*, October 7, 2010. https:// slate.com/human-interest/2010/10/let-me-tell-you-what-the-word-means.html.

㉘ Kris Wilson, *Cyanide and Happiness* #3557, May 14, 2014, http://explosm.net/ comics/3557/.

㉙ saratiara2, post #9 on "Anyone CFBC and Change Their Mind?," WeddingBee, March 2014, https://boards.weddingbee.com/topic/anyone-cfbc-and-change-their-mind/.

㉚ Jung, *Lactivism*, Chapter 7.

第 14 章

① Paul Graham, "Keep Your Identity Small," blog post, February 2009, http://www. paulgraham.com/identity.html.

② Lindy West, "My Ten Favorite Kinds of Right-Wing Temper Tantrums," *Jezebel*, November 8, 2012, https://jezebel.com/my-ten-favorite-kinds-of-right-wing-temper-tantrums-5958966.

③ Jeffrey J. Volle, *The Political Legacies of Barry Goldwater and George McGovern: Shifting Party Paradigms* (New York: Palgrave Macmillan, 2010), 8.

④ Godfrey Sperling, "Goldwater's Nonpartisan Brand of Honesty," *Christian Science Monitor*, June 9, 1998, https://www.csmonitor.com/1998/0609/060998.opin.column.1.html.

⑤ Peter Grier, "Richard Nixon's Resignation: The Day Before, a Moment of Truth," *Christian Science Monitor*, August 7, 2014, https://www.csmonitor.com/USA/Politics/ Decoder/2014/0807/Richard-Nixon-s-resignation-the-day-before-a-moment-of-truth.

⑥ Godfrey Sperling, "Goldwater's Nonpartisan Brand of Honesty," *Christian Science Monitor*, June 9, 1998, https://www.csmonitor.com/1998/0609/060998.opin.column.1.html.

⑦ Bart Barnes, "Barry Goldwater, GOP Hero, Dies," *Washington Post*, May 30, 1998, https://www.washingtonpost.com/wp-srv/politics/daily/may98/goldwater30.htm.

⑧ Lloyd Grove, "Barry Goldwater's Left Turn," *Washington Post*, July28, 1994 https:// www.washingtonpost.com/wp-srv/politics/daily/may98/goldwater072894.htm.

⑨ Timothy Egan, "Goldwater Defending Clinton; Conservatives Feeling Faint," *New York Times*, March 24, 1994, https://nyti.ms/2F7vznS.

⑩ Egan, "Goldwater Defending Clinton."

⑪ Bryan Caplan, "The Ideological Turing Test," *Library of Economics and Liberty*, June 20, 2011. https://www.econlib.org/archives/2011/06/the_ideological.html.

⑫ Erin K. L. G. "In Which I Tell Conservatives I Understand Them Because I Used to Be One," *Offbeat Home & Life*, January 14, 2019, https://offbeathome.com/i-used-to-be-conservative/.

⑬ Chez Pazienza, "Kristin Cavallari Is a Sh*tty Parent Because She Refuses to Vaccinate Her Kids," *Daily Banter*, March 14, 2014, https://thedailybanter.com/2014/03/kristincavallari-is-a-shtty-parent-because-she-refuses-to-vaccinate-her-kids/.

⑭ Ben Cohen, "A Quick Guide to Vaccines for Morons and Celebrities," *Daily Banter*, March 18, 2014, https://thedailybanter.com/2014/03/a-quick-guide-to-vaccines-for-morons-and-celebrities/.

⑮ Megan McArdle, "How to Win Friends and Influence Refugee Policy," *Bloomberg*, November 20, 2015, https://www.bloomberg.com/opinion/articles/2015-11-20/six-bad-arguments-for-u-s-to-take-in-syrian-refugees.

⑯ Adam Mongrain, "I Thought All Anti-Vaxxers Were Idiots. Then I Married One," *Vox*, September 4, 2015, https://www.vox.com/2015/9/4/9252489/anti-vaxx-wife.

⑰ Julia Belluz, "How Anti-Vaxxers Have Scared the Media Away from Covering Vaccine Side Effects," *Vox*, July 27, 2015, https://www.vox.com/2015/7/27/9047819/H1N1-pandemic-narcolepsy-Pandemrix.

⑱ David Barr, "The Boston AIDS Conference That Never Was─And Other Grim Tales," Treatment Action Group, January/February 2003, http://www.treatmentactiongroup.org/tagline/2003/january-february/necessary-diversions.

⑲ David France, *How to Survive a Plague: The Inside Story of How Citizens and Science Tamed AIDS* (New York: Knopf: Doubleday Publishing Group, 2016), 355–56.

⑳ Mark Harrington, interview by Sarah Schulman. *ActUp Oral History Project*, March 8, 2003. 46. http://www.actuporalhistory.org/interviews/images/harrington.pdf.

㉑ Steven Epstein. *Impure Science: AIDS, Activism, and the Politics of Knowledge* (Berkeley, CA: University of California Press, 1996).

㉒ France, *How to Survive a Plague*, 507.

第 15 章

① Susan Blackmore, "Why I Had To Change My Mind," in *Psychology: The Science of Mind and Behaviour, 6th ed., by Richard Gross* (London: Hodder Education, 2010), 86–7. Earlier draft via https://www.susanblackmore.uk/chapters/why-i-had-to-change-my-mind/.

② Ruth Graham, "Hello Goodbye," *Slate*, August 23, 2016, https://slate.com/human-interest/2016/08/i-kissed-dating-goodbye-author-is-maybe-kind-of-sorry.html.

③ Josh Harris, "3 Reasons I'm Reevaluating *I Kissed Dating Goodbye*," TrueLoveDates.com, August 1, 2017, https://truelovedates.com/3-reasons-im-reevaluating-i-kissed-dating-goodbye-by-joshua-harris/.

④ Jerry Taylor, "A Paid Climate Skeptic Switches Sides," interview by Indre Viskontas and Stevie Lepp, *Reckonings*, October 31, 2017, http://www.reckonings.show/episodes/17.

⑤ Josh Harris, "A Statement on *I Kissed Dating Goodbye*," blog post, https://joshharris.com/statement/.

⑥ Holden Karnofsky, "Three Key Issues I've Changed My Mind About," Open Philanthropy Project (blog), September 6, 2016, https://www.openphilanthropy.org/blog/three-key-issues-ive-changed-my-mind-about.

⑦ Ben Kuhn, "A Critique of Effective Altruism," *Less Wrong* (blog), December 2, 2013, https://www.lesswrong.com/posts/E3beR7bQ723kkNHpA/a-critique-of-effective-altruism.

⑧ Vitalik Buterin (@vitalikButerin), on Twitter, June 21, 2017, https://twitter.com/VitalikButerin/status/877690786971754496.

⑨ vbuterin (Reddit user), comment on "We Need to Think of Ways to Increase ETH Adoption," Reddit, April 21, 2016, https://www.reddit.com/r/ethtrader/comments/4fql5n/we_need_to_think_of_ways_to_increase_eth_adoption /d2bh4xz/.

⑩ vbuterin (Reddit user), comment on "Vitalik drops the mic on r/btc," Reddit, July 5, 2017, https://www.reddit.com/r/ethtrader/comments/6lgf0l/vitalik_drops_the_mic_on_rbtc/dju1y8q/.

⑪ phileconomicus (Reddit user), comment on "CMV: Mass shootings are a poor justification for gun control," Reddit, August 7, 2019, https://www.reddit.com/r/changemyview/comments/cn7td1/cmv_mass_shootings_are_a_poor _justification_for/ew8b47n/?context=3.

⑫ pixeldigits (Reddit user), comment on "CMV: Companies having my personal data is not a big deal," Reddit, September 7, 2018, https://www.reddit.com/r/changemyview/comments/9dxxra/cmv_companies_having_my_personal_data_is_not_a/e5mkdv7/.

⑬ shivux (Reddit user), comment on "CMV: The U.S. is doing nothing wrong by detaining and deporting Illegal immigrants," Reddit, July 24, 2019, https://www.reddit.com/r/changemyview/comments/ch7s90/cmv_the_us_is_doing_nothing_wrong_by_detaining/eus4tj3/.

⑭ Luke Muehlhauser, "I apologize for my 'Sexy Scientists' post." Common Sense Atheism, July 22, 2010, http://commonsenseatheism.com/?p=10389.

⑮ Julian Sanchez, "Nozick," blog post, January 24, 2003, http://www.juliansanchez.com/2003/01/24/nozick/.

⑯ Steven Callahan, *Adrift* (New York: Houghton Mifflin, 1986), loc. 563 of 2977, Kindle.

⑰ Richard Dawkins, *The God Delusion* (New York: Houghton Mifflin Harcourt, 2006), 320.

附錄 A

① *Star Trek: The Original Series*, season 1, episode 8, "Miri," aired October 27, 1966, on NBC.

② *Star Trek: The Original Series*, season1, episode14, "Balance of Terror," aired December 15, 1966, on NBC.

③ *Star Trek: The Original Series*, season1, episode16, "The Galileo Seven," aired January 5, 1967, on NBC.

④ *Star Trek: The Original Series*, "The Galileo Seven."

⑤ *Star Trek: The Original Series*, season 1, episode 20, "Court Martial," aired February 2, 1967, on NBC.

⑥ *Star Trek: The Original Series*, season 1, episode 24, "This Side of Paradise," aired March 2, 1967, on NBC.

⑦ *Star Trek: The Original Series*, "This Side of Paradise."

⑧ *Star Trek: The Original Series*, season 1, episode 25, "The Devil in the Dark," aired March 9, 1967, on NBC.

⑨ *Star Trek: The Original Series*, season 1, episode 26, "Errand of Mercy," aired March 23, 1967, on NBC.

⑩ *Star Trek: The Original Series*, "Errand of Mercy."

⑪ *Star Trek: The Original Series*, season 2, episode 6, "The Doomsday Machine," aired October 20, 1967, on NBC.

⑫ *Star Trek: The Original Series*, season 2, episode 11, "Friday's Child," aired December 1, 1967, on NBC.

⑬ *Star Trek: The Original Series*, season 2, episode 16, "The Gamesters Of Triskelion," aired January 5, 1968, on NBC.

⑭ *Star Trek: The Original Series*, season 2, episode 18, "The Immunity Syndrome," aired January 19, 1968, on NBC.

⑮ *Star Trek: The Original Series*, season 2, episode 22, "By Any Other Name," aired February 23, 1968, on NBC.

⑯ *Star Trek: The Original Series*, season 3, episode 3, "The Paradise Syndrome," aired October 4, 1968, on NBC.

⑰ *Star Trek: The Animated Series*, season 1, episode 1, "Beyond the Farthest Star," aired September 8, 1973, on NBC.

⑱ *Star Trek: The Animated Series*, season 1, episode 4, "The Lorelei Signal," aired September 29, 1973, on NBC.

⑲ *Star Trek: The Animated Series*, season 1, episode 10, "Mudd's Passion," aired November 10, 1973, on NBC.

⑳ *Star Trek: The Animated Series*, season 1, episode 16, "The Jihad," aired January 12, 1974, on NBC.

㉑ *Star Trek: The Animated Series*, "The Jihad."

㉒ *Star Trek: The Animated Series*, season 2, episode 3, "The Practical Joker," aired September 21, 1974, on NBC.

㉓ *Star Trek Beyond*, directed by Justin Lin (Hollywood, CA: Paramount Pictures, 2016).

國家圖書館出版品預行編目（CIP）資料

零盲點思維：8個洞察習慣，幫你自動跨越偏見，提升判斷
能力 / 茱莉亞‧蓋勒芙（Julia Galef）著，許玉意譯 . -- 第一版 .
-- 臺北市：天下雜誌，2021.10
304 面；14.8×21 公分 . --（天下財經；445）
譯自 ： The scout mindset : why some people see things clearly and
　　　　others don't
ISBN　978-986-398-719-2（平裝）
1. 思考　　　2. 批判思考教學　　　3. 認知
176.4　　　　　　　　　　　　　　　　　　110016171

天下財經 445

零盲點思維

8 個洞察習慣，幫你自動跨越偏見，提升判斷能力

THE SCOUT MINDSET: Why Some People See Things Clearly and Others Don't

作　　者／茱莉亞·蓋勒芙 Julia Galef
譯　　者／許玉意
封面設計／FE 設計
內頁排版／林婕瀅
責任編輯／吳瑞淑

天下雜誌群創辦人／殷允芃
天下雜誌董事長／吳迎春
出版部總編輯／吳韻儀
出 版 者／天下雜誌股份有限公司
地　　址／台北市 104 南京東路二段 139 號 11 樓
讀者服務／（02）2662-0332　傳真／（02）2662-6048
天下雜誌 GROUP 網址／http://www.cw.com.tw
劃撥帳號／01895001 天下雜誌股份有限公司
法律顧問／台英國際商務法律事務所·羅明通律師
製版印刷／中原造像股份有限公司
總 經 銷／大和圖書有限公司　電話／（02）8990-2588
出版日期／2021 年 10 月 27 日第一版第一次印行
　　　　　2021 年 12 月 8 日第一版第三次印行
定　　價／380 元

Copyright © 2021 by Julia Galef

All rights reserved including the right of reproduction in whole or in part in any form.

This edition published by arrangement with the Portfolio, an imprint of Penguin Publishing Group, a division of Penguin Random LLC. through Andrew Nurnberg Associates International Limited

Complex Chinese copyright © 2021 by CommonWealth Magazine Co., Ltd.

All rights reserved.

Photo on page 182 by Myles McDonald. Used with permission.

書號：BCCF0445P
ISBN：978-986-398-719-2（平裝）

直營門市書香花園　台北市建國北路二段 6 巷 11 號　（02）25061635
天下網路書店 shop.cwbook.com.tw
天下雜誌出版部落格──我讀網 books.cw.com.tw/
天下讀者俱樂部 Facebook www.facebook.com/cwbookclub

本書如有缺頁、破損、裝訂錯誤，請寄回本公司調換